Julian Darragh Janvier

Joshua Sturges's guide to the game of draughts

Julian Darragh Janvier

Joshua Sturges's guide to the game of draughts

ISBN/EAN: 9783337733360

Printed in Europe, USA, Canada, Australia, Japan

Cover: Foto ©ninafisch / pixelio.de

More available books at **www.hansebooks.com**

THE BOARD AND MEN

SET FOR PLAY.

*In Games of Science
Art must point the way;
Chance aids but little;
Skill decides the play.*

> Distraits ne soient tes yeux
> Ni ta main trop légère ;
> Un beau coup s'offre à faire—
> Vois s'il n'est rien de mieux.
> —St. Ussans

THE DRAUGHT BOARD

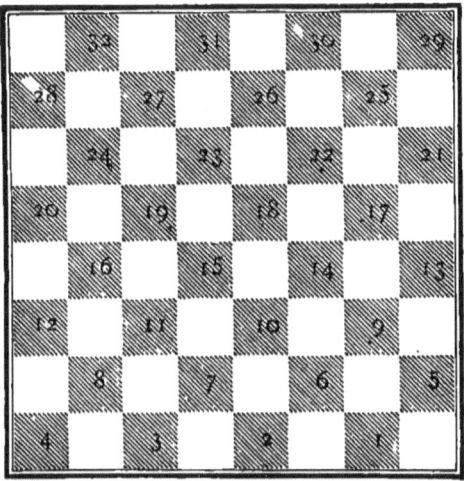

NUMBERED.

Let not your eyes be heedless,
Nor thy hand without due consideration:
When a fine move offers itself,
Look! there may be something better.

JOSHUA STURGES'S GUIDE

TO THE

GAME OF DRAUGHTS;

IN WHICH THE

THEORY AND PRACTICE

OF THAT SCIENTIFIC RECREATION ARE CLEARLY ILLUSTRATED·

INCLUDING

One Hundred and Seventy-two Critical Positions.

REARRANGED, EXTENDED AND CORRECTED

BY JULIAN DARRAGH JANVIER.

BROOKLYN, N. Y.:
PRINTED FOR THE AUTHOR BY WM. PATTON GRIFFITH.

CONTENTS.

	PAGE.
PREFACE	v.–vi.
INSTRUCTIONS	vii-xi.
STANDARD LAWS	xii -xv.
THEORY OF THE MOVE	xvi-xvii.
NAMES OF THE OPENINGS AND HOW FORMED. Tabular View	xviii.

GAMES—

Single Corner—Part I.............Game with 87 variations....	1- 10
Single Corner—Part II............Game with 75 variations....	11- 21
Bristol........................Game with 49 variations....	22- 28
Boston.... ....Game with 15 variations....	29- 30
Ayrshire Lassie.................Game with 9 variations....	31- 32
Double Corner ....Game with 12 variations....	33- 34
Edinburgh.....................Game with 9 variations....	35- 36
Cross..........................Game with 56 variations....	37- 44
Defiance..................... ...Game with 8 variations....	45
Dyke..........................Game with 16 variations....	46- 48
Glasgow.......................Game with 12 variations....	49- 50
Laird and Lady ....Game with 17 variations....	51- 53
Maid of the Mill................Game with 7 variations....	54
Second Double Corner..........Game with 15 variations....	55- 57
Souter........................Game with 88 variations....	58- 70
Will of the Wisp...............Game with 34 variations....	71- 76
Old Fourteenth.... ....Game with 116 variations...	77- 93
Pioneer.......................Game with 17 variations....	94- 96
Buffalo.......................Game with 7 variations....	97
Black Doctor..................Game with 33 variations....	98-103

20 games and 682 variations: Total 702

POSITIONS.............	105-126
SOLUTIONS TO POSITIONS...	127-134
Tabular List of 220 Corrections of Games in Walker's Edition of Sturges.............................	135-138
Tabular List of 410 Corrections of Games in the American Draught Player...	139-146
Tabular List of 93 Corrections of Games in the Game of Draughts..	147-148
Recent Corrections of Sturges's Games.........................	149-152

PREFACE.

In "Sturges's Guide to the Game of Draughts," published by the author in 1800, we find fifty-four games and one hundred and forty positions.

The fifty-four games contain 503 distinct variations, and embody the work of Payne, which was published in 1756, and contained fifty games.

Using Payne's book as the foundation, Sturges greatly enlarged the number of variations, and corrected some of his games. Sturges's original book being out of print, Mr. Geo. Walker published a new edition in the year 1835, in which, while he neither added nor omitted a "single game or move," he used his privilege as editor "to subdivide some of the more complex games," by which means Sturges's fifty-four games grew to sixty-nine—fifteen more; and increased the number of positions to 150, and also displayed the positions on diagrams. This edition has been several times re-printed, both in Great Britain and the United States; is also embodied in 'Bohn's Hand-book of Games," published in 1850, and being the only edition generally accessible, I use it to refer to.

Mr. Walker generally designates the variations by letters; occasionally by numbers; while Sturges in his original edition referred to them by numbers, same as in Sinclair.

In the present edition, I collate the several games under their several openings, transposing the numbers of the squares in those games which begin with the high numbers,—as game 12—and subdivide some few of the openings into parts for convenience of reference.

At the foot of each variation is noted where it is found in Walker's Sturges; and Payne's games are also credited. *s indicate improved moves. Erroneous variations which Sturges corrected himself, I enclose in brackets. Those points where I think Sturges's play can be corrected, I call attention to by letters, and by referring to the end of the opening, the correcting play will be found; also, at the back of the book, I give the play of some additional corrections discovered by myself and others while the games were going through the press.

Mr. Walker threw out some of the original 140 positions, and substituted others in their place. I have re-arranged the positions according to their difficulty, added those rejected by Walker, and those of Payne rejected by Sturges, and also add five more selected from modern play, besides correcting four of Sturges's which were wrcng in stipulations.

I also give a complete tabular view of all openings on which play has been published. It will be noted that most are designated by name. Those which are nameless either run into some of those named, or are looked on as weak in the play, and not of sufficient importance to require separate analysis.

By request I also add tabular lists of the corrections known to me of those celebrated works, "The American Draught Player" and "Game of Draughts," by Henry Spayth.

J. D. JANVIER.

NEW CASTLE, DELAWARE,
DECEMBER, 1881.

INSTRUCTIONS.

The game is played on a board of sixty-four squares of alternate colors, and with twenty-four pieces, called men, of adverse colors. It is played by two persons; the one having the twelve Black or Red pieces is technically said to be playing the *first side*, and the other having the twelve White to be playing the *second side*. The final object of each player may be thus briefly stated: The one endeavors to confine the pieces of the other in situations where they cannot be played, or both to capture and fix so that *none can be played*; the person whose side is brought to this state loses the game.

The following shows

THE DRAUGHT BOARD NUMBERED.

(Showing the first side next to you.)

WHITE.

	32		31		30		29
28		27		26		25	
	24		23		22		21
20		19		18		17	
	16		15		14		13
12		11		10		9	
	8		7		6		5
4		3		2		1	

BLACK.

INSTRUCTIONS.

(Showing the second side next to you.)
BLACK.

1		2		3		4	
	5		6		7		8
9		10		11		12	
	13		14		15		16
17		18		19		20	
	21		22		23		24
25		26		27		28	
	29		30		31		32

WHITE.

The men being placed as shown in the frontispiece, the game is begun by each player moving alternately one of his men along the diagonal on which they are situated. The men can only move forward, either to right or left, one square at a time, unless they have attained one of the four squares on the extreme line of the board (technically termed the "crown-head"), on which they become kings, and can move either forward or backward. The pieces take in the direction they move, by leaping over any opposing man that may be immediately contiguous, provided there be a vacant square behind it. If several men should be exposed by having open spaces behind them alternately, they may be all taken at one capture, and the capturing piece is then placed on the square beyond the last man.

To explain the mode of capturing by a practical illustration, let us begin by placing the men as for a game. You will perceive that Black, who always plays first, can only move one of the men placed on 9, 10, 11 or 12; supposing him then to play the man from 11 to 15, and White answering this by playing from 22 to 18, Black can take the White man on 18 by leaping from 15 to 22, and removing the captured piece from the board. Should Black not take the man on 18, but make another move—say 12 to 16, for instance—he is liable to be "huffed"; that is, White may remove the man (that on 15) with which Black should have taken, off the board for not taking. (See the 16th and 17th Laws.) When one party "huffs" the other in preference to compelling the take, he does not replace the piece his opponent moved, but simply removes the man huffed from the board, and then plays his own move.

It has already been stated that when a man reaches one of the squares on the extreme line of the board he is crowned, and becomes a king; but there is another point relative to this which it is necessary to explain. The man on thus reaching the crown-head finishes the move on being made a king, and cannot take any piece which may then be liable to capture. To exemplify this, take the following position as an illustration:

BLACK.

WHITE.

Black having to play takes the man on 26, by leaping from 22 to 31, and demands that his man should be crowned; but he cannot take the man on 27 at the same move, which he could do were his piece a king when it made the first capture. White, of course, will play 32 to 28, and recover the man lost. One of the great objects of the game, even at its very commencement, is to push on for a king. But it is unnecessary to dwell longer on the elementary part of the science, as playing through one of the games will do more in the way of teaching the rudiments of Draughts than the most elaborate theoretical explanation. In studying the games, you should have a representation of the numbered diagram on a small card; it is much preferable to fixing the numbers on the squares; and a little practice in this way will shortly enable you to dispense altogether with the card.

You should at first learn one or two variations for each side of every game in this work, and try to keep your opponent in those you have examined; but the moment he leaves off these, exercise your own judgment, not your memory. Remember there ought to be a motive for every move; the perpetually recurring question should therefore be, What will be the result of this one, that one, &c.? Apply this important question at every stage of the game, answer it by calculating the result of every plausible move at the point in question. After a few weeks perseverance in this discipline, you will, if possessed of tolerable memory, find your skill greatly improved. Here we may remark that when you are learning the *first side* of any of the games you should keep the Black men next you; but when you are studying the *second side*, you will find it beneficial, to turn the White men next you.

In the Games in this work the left side numbers indicate the squares you play *from*; those on the right, those you play *to*; thus, 11-15 signifies—" Play from 11 to 15." The moves of Black are distinguished by the small dash between the figures. The Variations are numbered in natural succession in a line with the word "GAME," at the top of the page; and the indicators that refer to them follow each other in succession down along the columns. Thus, 1 leads to Variation 1; 2 leads to Var. 2, and so on with the rest. The Brace has its central point *to* the move at which the variations occur; see page 1, variation 3, at 10th move, where it points to 24 19, showing that Vars. 15, 16 and 17 take place at that point.

General Advice.

As to general advice relative to rules or systems for draught-playing, little or nothing could be learned from a volume of such instruction. The various standard modes of opening will be seen by reference to the accompanying games. According to Walker's Sturges, among the few general rules that can be given, you should bear in mind that it is generally better to keep your men in the middle of the board than to play them to the side squares; as, in the latter case, one-half of their power is curtailed. When you have once gained an advantage in the number of your pieces you increase the proportion by exchanges; but in forcing them you must take care not to damage your position. Accustom yourself to play slow at first, and, if a beginner, prefer playing with those who will allow an unconditional time for the consideration of a difficult position, instead of those who rigidly exact the observance of the strict law. Never touch a man without moving it, and do not permit the loss of a few games to ruffle your temper, but rather let continued defeat act as an incentive to greater efforts both of study and practice. When one player is decidedly stronger than another, he should give odds to make the game equally interesting to both parties. There must be a great disparity, indeed, if he can give a man, but it is very common to give one man in a rubber of three games—that is, in one of the three games the superior player engages to play with only eleven men instead of twelve. Another description of odds consists in giving the drawn games—that is, the superior player allows the weaker to reckon as won all games he may draw. Never play with a better player without offering to take such odds as he may choose to give. If you find yourself, on the other hand, so superior to your adversary that you feel no amusement in playing even, offer him odds, and, should he refuse, cease playing with him. Follow the rules of the game most rigorously, and compel your antagonist to do the same—without which the game of Draughts would degenerate to mere child's play. If you wish to improve, play with better players in preference to such as you can beat, and take every opportunity of looking on when fine players are engaged. Never touch the squares of the Board with your finger, and accustom yourself to play your move off-hand when you have once made up your mind without hovering with your fingers over the Board. While you play do not fall into the vulgar habit of incessantly chattering nonsense, and show no impatience at your adversary should he be a little slow. Finally, bear in mind what may well be termed the three golden rules to be observed in playing games of calculation :—Firstly, to avoid all boasting and loud talking about your skill; secondly, to lose with good temper; and thirdly, to win with silence and modesty.

In conclusion, we would strongly advise the student to study and master the theory and practice of the play embraced in the Positions. These endings, in different forms, are of very frequent occurrence, and ought to be thoroughly understood.

STANDARD LAWS OF THE GAME.

The Standard Board.

1. The Standard Board must be of light and dark squares, not less than fourteen nor more than sixteen inches across said squares.

2. The Board shall be placed so that the bottom corner square on the left hand shall be black.

The Standard Men.

3. The Standard Men, technically described as Black and White, must be light and dark (say Red and White, or Black and White), turned, and round, not less than one inch nor more than one and one-fourth inches in diameter.

4. The Men shall be placed on the Black squares. (In England and this country they are often placed for play on the white squares by agreement; and because the Diagrams showing positions, etc., are usually made by type the pieces and figures are placed on White squares in all Checker books.)

Placing the Men.

5. The Black men shall invariably be placed upon the real or supposed first twelve squares of the board; the White upon the last twelve squares.

Order of Play.

6. Each player shall play alternately with Black and White Men, and lots shall be cast for the color only once—viz., at the commencement of a match—*the winner to have the choice of taking Black or White.*

7. The first move must *invariably* be made by the person having the Black Men.

Time Limit to Moves.

8 At the end of five minutes (if the move has not been previously made) "Time" must be called in a distinct manner by the person appointed for the purpose, and if the move be not completed on the expiration of another minute the game shall be adjudged as lost through improper delay.

9. When there is only *one way* of taking *one* or *more* pieces "Time" shall be called at the end of one minute, and if the move be not completed on the expiration of another minute the game shall be adjudged as lost through improper delay.

Arranging the Men During a Game.

10. Either player is entitled, on giving intimation, to arrange his own or his opponent's pieces properly on the squares. After the first move has been made, however, if either player touch or arrange any piece without giving intimation to his opponent, he shall forfeit the game; but if it is his turn to play he may avoid the penalty by playing that piece, if possible. (The editor would here observe that in this country this rule is quietly ignored even in money matches when it is obvious that the offender was in fault only from forgetfulness, and that his intention was evidently to rearrange the piece or pieces in a more central position on their squares.)

Touch and Play.

11. After the pieces have been arranged, if the person whose turn it is to play *touch* one, he must either play *it* or forfeit the game. When the piece is *not playable* he is penalised according to the preceding law.

12. If *any part* of a playable piece be played over an angle of the square on which it is stationed, the play must be completed in *that direction*.

Capturing Play.

13. A capturing play, as well as an ordinary one, is completed whenever the hand is withdrawn from the piece played, even though two or more pieces should have been taken.

14. When taking, if a player remove one of his own pieces, *he* cannot replace it, but his *opponent* can either play or insist on his replacing it.

False or Improper Moves.

15. Either player making a false or improper move shall instantly forfeit the game to his opponent without another move being made.

The "Huff" or "Blow."

16. The "Huff" or "Blow" is, *before one plays his own piece*, to remove from the board any one of the adverse pieces that might or should have taken. But the "Huff" or "Blow" never constitutes a move.

17. The player has the power either to *Huff, compel the take*, or to *let the piece remain on the board*, as he thinks proper (but it is the custom in this country to "compel the take."—EDITOR.)

Crowning the Men.

18. When a Man first reaches any of the squares on the opposite extreme line of the board it becomes a "King," and can be moved backwards or forwards as the limits of the board permit (though not in the same play), and must be crowned (by placing a man on the top of it) by the opponent; if he neglect to do so, and play, any such play shall be put back until the Man be crowned.

Drawn Games.

19. A Draw is when neither of the players can *force* a Win. When one of the sides appears stronger than the other the stronger party is required to complete the win, or to show, to the satisfaction of the umpire or referee, at least a *decided advantage* over his opponent *within forty of his own moves*—to be counted from the point at which *notice* was given—failing in which, he must relinquish the game as a draw.

Note.—It must be remembered that when the forty moves have been called, it is sufficient if the stronger party in the forty moves shows "*a decided advantage*," and it is not necessary for him to block or capture all his adversary's pieces, as there are positions so intricate that he may not have been able to do so, even after making the very best moves at all points.—EDITOR.

Conduct of Players and Spectators.

20. Anything which may tend either to annoy or distract the attention of the players is strictly forbidden—such as making signs or sounds, pointing or hovering over the board, unnecesarily delaying to move a piece touched, or smoking. Any *principal* so acting, after having been warned of the consequence, and requested to desist, shall forfeit the game.

21. While a game is pending, neither player is permitted to leave the room without a sufficient reason, or receiving the other's consent or company.

22. Any spectator giving warning either by sign, sound, or remark on any of the games, whether played or pending, shall be ordered from the

room during the match, and play may be discontinued until such offending party retires.

Match Games.

23. A match between equals, wins and draws to count, should consist of an even number of games, so that each player may have the first move the same number of times.

Enforcement of the Laws.

24. Either player committing a breach of any of these laws must submit to the penalty, and his opponent is equally bound to exact the same.

Unforeseen Disputes.

25. Should any dispute occur not satisfactorily determined by the preceding laws, *a written statement of facts* must be sent to a disinterested arbiter having a knowledge of the game, whose decision shall be final.

THEORY OF THE MOVE.

When the men are so situated that, in the ordinary course of the play, you can force your opponent's pieces into a confined position, you have what is technically termed "the Move."

The Move.

To have the move, signifies the occupying of that position on the board which (in playing piece against piece without regard to the others, till one square intervene between the pieces in each pair) will eventually cause the player who occupies that position to have the last play.

Several rules for the calculation of the move have been published, but the editor has always found the following concise rule credited to Alonzo Brooks, of Buffalo, sufficient for practical purposes, and uses no other.

Calculation of the Move.

For this purpose the squares of the board are divided into two systems of four columns each.

The columns of one system are those numbered upwards from squares 1, 2, 3, 4.

The columns of the other system are those numbered downwards from squares 29, 30, 31, 32.

Rule.

Add together *all* the pieces in either system, and if their *sum* is odd, it being your play, you have the move. If *even*, your opponent has the move.

The Changes of the Move.

Add together *all* of the capturing pieces in both systems, and if they are the same as the captured pieces in each system—that is, both odd or both even—the move is not changed, but if they are reverse to each other (one odd and the other even) the move is changed.

Mr. William R. Bethell, of Philadelphia, also suggests that when one side has a man superiority over the other, he has in practice always found it sufficient to disregard or throw out the extra man and proceed as before. So also when two pieces are forked—that is, fixed or kept in check by one—one of them should be left out in the calculation of the move.

"The Move" in many positions wins the game, in others it enables a draw to be secured, while in some instances, from the peculiarity of the situation, the player having the move loses the game. Hence, the importance of the knowledge which enables one to judge whether or not he should seek to gain "The Move," as local position must also be taken into account.

It is a mistaken notion that any advantage is derived from playing first. It is admitted that he who plays first has not the move, the men and squares being then both even; but though he who plays second has the move, it can be of no service to him in that stage of the game. The truth is, that when the combatants continue giving man for man, the move will alternately belong to the one and the other. The first player will have it at odd men, at 11, 9, 7, 5, 3 and 1; the second player will have it at even men, at 12, 10, 8, 6, 4 and 2, and therefore some error must be committed on one side or the other before the move can be forced out of that direction.

TABULAR LIST OF THE OPENINGS.

Names.	1st Move.	2d Move.	3d Move.	4th Move.	5th Move.	6th Move
Edinburgh	9-13					
Double Corner	9-14					
Denny	10-14					
Kelso	10-15					
Bristol	11-16	24 20				
Paisley	11-16	24 19				
	11-16	22 18				
Dundee	12-16					
Ayrshire Lassie	11-15	24 20				
Second Double Corner	11-15	24 19				
Cross	11-15	23 18				
Single Corner	11-15	22 18				
Switcher	11-15	21 17				
Whilter	11-15	23 19	7 11			
Virginia	11-15	23 19	10-14			
Will of the Wisp	11-15	23 19	9-13			
	11-15	23 19	8-11	22 17	10-14	
Old Fourteenth	11-15	23 19	8-11	22 17	4- 8	
Whilter	11-15	23 19	8-11	22 17	3- 8	
Glasgow	11-15	23 19	8-11	22 17	11-16	
Buffalo	11-15	23 19	8-11	22 17	9-14	
Laird and Lady	11-15	23 19	8-11	22 17	9-13	
Center	11-15	23 19	8-11	22 17	15-18	
	11-15	23 19	8-11	27 23		
Nailor	11-15	23 19	8-11	26 23		
	11-15	23 19	8-11	22 18		
	11-15	23 19	8-11	24 20		
	11-15	23 19	8-11	21 17		
Defiance	11-15	23 19	9-14	27 23		
	11-15	23 19	9-14	26 23		
	11-15	23 19	9-14	22 18		
Fife	11-15	23 19	9-14	22 17	5- 9	
Souter	11-15	23 19	9-14	22 17	6- 9	
Whilter	11-15	23 19	9-14	22 17	7-11	
Buffalo	11-15	23 19	9-14	22 17	8-11	
Sunderland	11-15	23 19	9-14	22 17	14-18	
	11-15	23 19	9-14	22 17	15-18	
Dyke	11-15	22 17	15-19			
Maid of the Mill	11-15	22 17	15-18			
Boston	11-15	22 17	9-13	17 14		
Wagram	11-15	22 17	9-13	24 20		
	11-15	22 17	8-11	23 19		
	11-15	22 17	8-11	24 20		
Pioneer	11-15	22 17	8-11	25 22		
White Dyke	11-15	22 17	8-11	17 14		
Maid of the Mill	11-15	22 17	8-11	17 13	15-18	
Old Fourteenth	11-15	22 17	8-11	17 13	4- 8	23 19
Albemarle	11-15	22 17	8-11	17 13	4- 8	21 17
Erie	11-15	22 17	8-11	17 13	9-14	
	11-15	22 17	8-11	17 13	3- 8	
	11-15	22 17	8-11	17 13	4- 8	25 22
	11-15	22 17	9-14	23 19		
	11-15	22 17	9-14	17 13		
Dyke	11-15	22 17	9-14	25 22	15-19	
	11-15	22 17	9-14	25 22	7-11	
	11 15	22 17	9-14	25 22	8-11	

JUST PUBLISHED:

JANVIER'S STURGES. Comprises the games of that author, and his celebrated collection of critical positions. Extended and Corrected by J. D. Janvier. Together with a list of Corrections of the books.

Price One Dollar; postage paid.

JANVIER'S ANDERSON. Comprising all the Games in previous editions of that author. Corrected and rearranged by J. D. Janvier. Together with much additional matter.

Price, $3.00 bound in cloth; $4.00 bound in three-quarter blank book style; postage paid.

Either of the above books will be registered for 10 cents extra.

Address the editor and proprietor,

J. D. JANVIER,
New Castle,
Delaware.

BOWEN'S AUTHORS: Vol. I. The "Cross" opening, comprising upwards of 1000 variations. Price, $1.00; postage paid.

Address R. E. BOWEN, Millbury, Mass.

ALSO IN PRESS:

BOWEN'S AUTHORS: Vol. II. The "Bristol" opening, comprising several thousand variations.

THE

GAME OF DRAUGHTS.
SELECTED PROBLEMS.

Comprises 421 quarto pages, embracing 1030 critical positions by 262 players of Great Britain and America.

The problems are printed distinctly, on diagrams three inches square, and four are given on each page. The solutions have about 3000 variations, and average 40 moves each. Over 300 games from all the standard openings are given, each game ending in a problem.

The work contains besides an alphabetical index of the 262 authors, a numerical index of the whole number of problems originated and compiled by the celebrated player and author, Mr. R. E. Bowen, of Millbury, Massachusetts. The Laws of the Game; Names of Openings; Theory of the Move; Signs; Instructions, and an Exercise on the squares of the board, are also given.

The whole work is printed in large plain type, and weighs 41 ounces.

Price $3.00, Postage Prepaid to Any Address. If players desire book sent by the Registered mail, accompany remittances with 10 cents in stamps for the Post Office fees. Make remittances by Draft on New York, Money Order or Registered letter. Players of Great Britain can remit to ROBERT MCCALL, No. 145 Dundas street, City, Glasgow, Scotland. American players can address the compiler as follows:

H. D. LYMAN,
Post Office Box 702,
Washington, D. C.

JANVIER'S STURGES.
Single Corner.—Part I.

GAME.	1	2	3	4	5	6
	11 15	10 15	24 19	10 15	19 15	24 20	15 19
	22 18	5 21 17	16 20	11 21 17	11 18	15 19	23 16
	15 22	6 9 13	9 28 24 12	13 8 12	20 11	23 16	11 20
	25 18	17 14	8 12	17 13	18 22	12 19	22 17 13
	8 11	7 6 9	32 28	7 10	26 17	27 23	12 16
	29 25	23 19	10 15	14 27 24	13 22	8 12	26 23
	4 8	8 13 17	19 10	9 14	11 8	23 16	7 10
	25 22	19 10	7 14	18 9	22 25	12 19	24 19
1	12 16	2 6	30 25	15 ⎫ 5 14	8 4	31 27	8 12
2	24 20	22 13	11 16	16 ⎬ 24 19	25 29	9 14	18 15
3	10 14	6 22	18 15	17 ⎭ 15 24	4 8	18 9	3 8
	27 24	26 17	3 8	28 19	2 7	5 14	23 18
	8 12	9 18	22 17	14 17	23 19	21 27 23	16 23
	24 19		14 18	32 27	29 25	11 16	15 11
	7 10		23 14	10 14	27 24	20 11	8 15
	32 27		9 18	18 27 24	14 18	7 16	18 11
	9 14		26 23	3 7	21 17	22 18	10 14
	18 9		6 9	19 22 18	25 22	1 5	27 18
	5 14		23 14	1 5	17 13	18 9	14 23
	22 18		9 18	18 9	18 23	5 14	11 8
	1 5		15 10	5 14	8 4	32 27	9 14
	18 9		8 11	26 22	10 14	3 7	31 26
	5 14		10 17 14	17 26	24 20	30 25	
4	27 24		11 15	31 22	22 18	7 10	
	3 7		21 17	14 17	4 8	25 22	
	26 22		16 19	22 18	18 22	10 15	
	14 17		31 26	17 22	20 16	22 17	
	21 14		2 6	19 15	22 18	6 10	
	10 26		17 13	16 19	8 11	17 13	
	31 22		12 16	15 8	7 10	2 6	
	7 10		25 21	19 28	20 28 24	27 24	
	30 25		18 23	18 14	14 17	15 18	
	10 14			28 32	24 20	24 15	
	25 21			8 3	10 14	10 19	
	13 17			7 11	A 11 8	21 17	
	22 13			23 19	17 22	14 21	
	6 9			32 27	8 11	23 14	
				A 3 8	14 17	21 25	
				2 7	11 8		
				8 15	17 21		
				7 10			
				14 7			
				6 9			
					Payne. game 6.		
	Drawn.	Drawn.	Drawn.	Black wins.	B. wins.	Drawn.	Drawn.
	4-A	12-D	4-A	5-Var. 4	4-game	12-game	12-Var

JANVIER'S STURGES.
Single Corner.—Part I.

7	8	9	10	11	12	13
....	....	....	....	....	....	....
6 10	11 16	19 15	10 7	27 24	7 10	9 13
24 20	19 10	10 19	11 15	16 19	A 27 24	17 14
	8 11	23 16	7 3	23 16	8 12	16 19
	24 20	9 14	2 7	15 19	17 13	23 16
	. 16 19	18 9	3 19	24 15	same as 3 at	8 12
	22 17	5 14	16 32	9 14	6th move.	14 10
	13 22	16 12	24 19	18 9		26 7 23
	26 17	11 15	32 27	11 25		16 7
	23 19 23	27 23	31 24	32 27	A	2 11
	17 13	6 10	20 27	5 14	25 17 13	26 10
	2 6	31 27	17 14	27 23	8 12	6 15
	18 15	8 11	27 31	6 10	28 24	28 24
		22 17	21 17	16 12	same as 14,	5 9
		15 18	31 26	8 11	at 1st move.	27 23
		30 25	25 21	28 24		1 6
		24 1 6	26 22	25 29		31 26
		17 13	17 13	30 25		6 10
		11 15	22 17	29 22		32 28
		28 24	14 10	26 17		3 7
		7 11	17 14	11 15		23 19
		23 19	10 7	20 16		
		11 16	18 23	15 18		
		26 23	7 3	24 20		
		6 9	23 27	18 27		
		13 6	3 7	31 24		
		2 9	14 18	14 18		
		21 17	7 11	16 11		
			27 31	7 16		
			11 16	20 11		
			31 27	18 23		
			16 20	11 8		
			18 22	23 27		
				8 4		
				27 31		
				4 8		
				31 27		
				24 20		
				27 23		
				8 11		
				23 18		
				11 8		
				18 15		
				Payne, game 1.		
W. wins.	W. wins.	Drawn.	B. wins.	B. wins.	Drawn.	W. wins.
12-C	12-E	3-A	3-game	1-game		2-Var.

JANVIER'S STURGES.
Single Corner.—Part I.

14	15	16	17	18	19	20
28 24	31 27	23 19	30 25	22 18	30 25	11 7
27 9 14	1 5	16 23	14 17	1 5	6 9	6 9
18 9	31 23 18	26 19	25 21	18 9	13 6	13 6
5 14	14 23	3 7	3 7	5 14	1 10	23 27
28 23 19	32 27 18	31 27	21 14	B 19 15	22 13	31 24
16 23	16 19	14 18	10 17	11 18	14 18	10 15
29 27 9	33 ⎫ 32 27	30 25	24 19	20 11	23 14	19 10
1 5	34 ⎭	11 16	15 24	12 16	16 30	12 19
30 32 28	B 5 8	20 11	28 19	27 24	25 21	24 15
5 14	20 16	7 23	7 10	18 27	10 17	18 9
26 23	11 20	25 21	32 27	24 20	21 14	28 24
3 8	18 11	18 25	17 21	27 32	30 25	14 18
23 19	10 15	27 11	22 18	31 27	14 9	38 24 19
15 18	22 17	25 30	21 25	32 23	(35)25 22	18 23
22 15	3 7	11 8	18 15	26 12	36 9 6	19 16
11 18	11 8	30 26	11 18	17 22	2 9	9 14
A 31 26	7 10	8 3	20 11	11 8	13 6	10 6
18 22	A 8 3	26 23	25 30	14 18	22 18	23 27
20 17	9 14	3 8	23 7	8 4	37 6 2	6 1
14 21	3 8	23 18		18 23	18 23	14 10
30 26	14 21	8 11		4 8	2 6	30 25
21 25	8 11	10 14		22 26	11 15	27 31
26 23	6 9	24 19		30 25	6 2	25 21
25 30		18 23		26 30	7 11	31 26
23 18		11 16		25 22	2 6	39 21 17
30 26		14 17		30 25	15 18	26 23
18 15		21 14		22 17	6 10	17 13
26 31		6 10		25 21	18 22	10 14
		14 7		17 14	10 14	1 5
		2 20		21 17	22 25	23 19
		19 15		14 9	14 17	16 12
		1 6		17 14	25 29	19 15
				But continue A.	17 14	5 1
					29 25	15 10
					14 10	1 5
					25 22	10 6
					10 14	
					23 27	
					14 10	
					22 17	
					31 26	
					27 32	
					26 23	
					32 28	
					23 19	
					28 32	
					—	
B. wins.	Black wins.	B. wins.	B. wins.	Drawn.	B. wins.	B. wins.
6-E	5-B	5-Var. 1	5-Var. 2	5-Var. 4	5-Var. 6	4-B

JANVIER'S STURGES.
Single Corner.—Part I.

21	22	23	24	25	26	27
22 17	24 19	19 24	2 6	17 14	12 19	10 14
6 10	9 13	28 19	(40)23 19	10 17	27 23	23 19
27 24	27 23	11 15	+-11 15	22 13	7 14	16 23
11 15	6 9	18 11	28 24	15 22	23 7	26 10
32 27	17 14	9 18	6 9	26 17		14 23
3 8	8 11	27 23	17 13	41 8 12		27 18
27 23	19 15	18 27	1 6	27 24		6 15
8 12	11 16	32 23	26 22	C 3 7		13 6
23 16	32 27	7 21	7 11	B 30 25		1 10
12 19	1 6	11 8	19 16	A 7 10		31 26
26 23	14 10	5 9	3 7	(42) 24 19		5 9
19 26	7 14	8 4	24 19	10 14		26 23
30 23	15 10	9 13	15 31	17 10		9 13
1 5	6 15	4 8	22 8	6 24		23 19
23 19	18 11	2 7		(43) 13 6		13 17
7 11	16 19	20 16		44 1 10		22 13
19 16	23 16	7 10		28 19		15 22
14 18	12 19	8 11		2 6		32 28
	27 23	13 17		(45) 31 26		10 14
	19 24	31 26		11 15		19 16
	28 19			20 11		12 19
	20 24			15 24		24 8
	19 16			23 19		3 12
	24 28			10 14		13 9
	16 12			26 22		14 18
	28 32			6 9		28 24
	11 8			25 21		18 23
	2 7			9 13		24 19
				11 7		23 27
						19 15
						27 32
						15 11
						32 27
						9 5
						27 23
						5 1
						22 26
						Payne, game 3.
Drawn.	Drawn.	W. wins.	W. wins.	W. wins.	W. wins.	Drawn.
12-A	12-B	12-F	3-Var. 1	1-Var.	2-A	6-game.

Single Corner.—Part I.

28	29	30	31	32	33	34
23 18	26 19	26 23	23 19	26 19	22 17	26 23
14 23	3 8	5 14	16 23	16 23	15 31	19 26
46 26 19	48 31 26	B 31 27	27 9	27 18	24 8	30 23
16 23	15 18	A 3 8	5 14	10 14	5 9	10 14
27 18	22 15	23 18	24 19	18 9	30 25	18 9
12 16	11 18	14 23	15 24	5 13	31 26	5 14
32 28	49 32 28	27 18	28 19	30 26		23 19
16 19	A 2 7	12 16	3 8	12 16		6 10
47 18 14	30 25	(51)32 27	26 23	26 23		32 27
10 26	(50) 14 17	16 19	14 17	14 17		
30 7	25 21	18 14	22 18	24 19		
But	18 22	19 28	17 22	15 24		
continue	21 14	14 7		28 12		
*2 11	10 17	15 18		17 26		
24 19	26 23	22 15		23 18		
15 24	17 21	11 18		6 10		
28 19	23 18	7 3				
Drawn.	22 26	8 12				
Janvier.	18 14	27 24				
	1 5	28 32				
	19 15	24 19				
	26 31	6 10				
	27 23	3 8				
	7 11	32 28				
	23 19	8 11				
	11 18	28 24				
	19 15	(52)19 16				
	18 22	12 19				
	24 19	11 15				
	31 27					
	28 24					
B. wins.	Drawn.	Drawn.	B. wins.	B. wins.	B. wins.	B. wins.
6-B	6-F	6-L	5-Var. 2	5-A	5-C	5-D

JANVIER'S STURGES.
Single Corner.—Part I.

(35)	36	37	38	39	(40)	41
11 15	9 5	31 26	30 26	16 12	17 13	9 14
9 6	22 18	11 15	9 14	10 14	11 16	17 10
2 9	31 26	6 2	10 6	1 5	28 24	6 15
13 6	11 15	7 11	3 8	26 23	1 5	27 24
15 18	5 1	2 6	24 20	5 1	32 28	8 12
6 2	7 11	18 14	8 11	23 19	7 11	C 24 19
7 10	1 5	26 23	6 1	1 6	26 22	15 24
2 6	12 16	12 16	11 15	19 15	11 15	28 19
10 14	13 9		1 6	6 2		B 5 9
6 9	16 19		15 19	15 11		13 6
25 21			20 16	2 6		1 10
31 26			18 23	3 7		A 32 28
14 17			26 22	6 10		3 7
			23 26	14 18		28 24
			16 11	10 3		10 14
			26 30	18 14		31 26
			11 7	12 8		14 18
			30 26			

Payne, game 2.

Drawn.	B. wins.	B. wins.	B. wins.	B. wins.	B. wins.	Drawn.
5-game	5-E	5-F	4-C	4-D	3-B	1-A

JANVIER'S STURGES.
Single Corner.—Part I.

(42)	(43)	44	(45)	46	47	48
25 21	28 19	2 9	25 22	27 18	30 26	27 23
10 14	9 14	28 19	6 9	16 19	1 6	15 18
17 16	25 22	9 14	A 32 28	32 28	31 27	22 15
6 15	· 2 6	25 22	9 13	10 14	5 9	11 27
13 6	22 18	1 6	28 24	18 9	20 16	32 23
2 9	6 10	32 28	10 14	1 5	11 20	8 11
24 19	18 9	54 6 9	31 26	26 23	18 11	30 26
15 24	5 14	31 27	13 17	19 26	10 15	14 17
28 19	13 9	9 13	22 13	30 23	22 17	26 22
9 14	14 17	27 24	14 17	5 14	3 7	17 26
19 15	9 6	13 17	─┤ 19 15	24 19	11 8	31 22
11 27	10 14	22 13	11 27	15 24	7 10	10 14
20 11	6 2	14 17		28 19		22 18
1 6	17 22	23 18		14 17		1 5
32 28	19 15	16 23		A 22 18		18 9
6 9	11 27	24 19		17 22		5 14
23 19	20 11			18 14		
14 17				6 10		
21 14				14 7		
9 18				3 10		
11 7				23 18		
18 22				2 6		
7 3						
5 9						
3 7						
9 13						
7 10						
(53)22 25						
10 14						
25 29						
31 27						
29 25						
Drawn.	Drawn.	W. wins.	B. wins.	B. wins.	B. wins.	B. wins.
1-B	1-D	1-E	1-G	6-Var.	6-A	6-H

Single Corner.—Part I.

49	(50)	(51)	(52)	(53)	54	55
26 22	7 11	30 26	11 15	13 17	6 10	21 17
18 25	25 21	16 19	18 24	10 14	28 24	8 11
30 21	18 22	32 28	15 6	17 21	5 9	27 23
14 18	26 17	8 12	2 9	14 17	31 27	18 27
55 32 28	11 15	22 17	13 6	22 25	9 13	32 23
10 15	20 16	15 31	24 15	17 22	22 18	11 15
19 10	15 18	24 8	30 25	25 29	13 17	20 16
6 15	24 20	31 26	15 10	22 26	18 9	15 18
21 17	18 22		6 1	29 25	17 22	23 7
8 11	27 24		10 14	31 27	9 6	2 27
	22 26		1 6		22 26	17 14
	19 15		23 26		6 2	27 32
	12 19		25 21		26 31	19 15
	13 9		26 30		2 7	32 27
	6 22		6 1		10 14	
	15 6		30 26		19 15	
	1 10		1 5		11 18	
	24 6		26 22		20 11	
	8 12		5 1		31 26	
			22 17		23 19	
			1 5		26 23	
			17 13		24 20	
			5 1		23 32	
			13 9		7 10	
			1 5		32 27	
			9 6		10 17	
			5 1		27 24	
			14 10		20 16	
			1 5		24 8	
			6 1		17 14	
			5 9		12 19	
			10 15		14 16	
			9 5		8 12	
			15 18			
			21 17			
			18 22			
			17 14			
			1 6			
			5 1			
			6 2			
			14 9			

| B. wins. | Drawn. | B. wins. | Black wins. | W. wins. | W. wins. | B. wins. |
| 6-I | 2-game, and 6-G | 6-E | 6-D | 1-C | 1-F | 6-K |

Corrections of Single Corner.—Part I.

3—A.

14 9*	19 16	3 7	7 10
27 24	12 19	11 15	Drawn.

A. J. Dunlap.

4—A.

11 15*	14 18	31 22	10 14
18 11	16 11	17 26	9 27
16 7	18 22	7 2	31 15
3 10	11 7	26 31	13 9
20 16	22 26	2 9	Drawn.

R. Horne.

14—A.

31 27*	18 22	1-19 15	Drawn.

Drummond's 2d Edition, page 6, var. A, B, and trunk.

— 1 —

27 23	23 7	19 15 A
14 18 B	2 11	11 18

B. wins; Drummond's 2d, Page 6, Var. c.

A 19-15 loses; but *19-16 draws.—J. D. J.

B 14-18 only draws; but *2-7 wins. —J. D. J.

15—A.

8-3 loses; but *30-25 instead seems to win.—G. A. Yost.

But we can make the black win come all right by going back to 15—B.

10 14*	23 18	{4 5} 2 9	9 6
18 9	14 23	17 13	23 27
5 14	{1 2} 22 17	9 14	
27 23	{2 4} 6 9	13 9	
12 16	13 6	14 17	B. wins.

— 1 —

30 25	25 21	22 18	20 11
6 9	9 13	15 31	12 16
13 6	27 23	24 8	
2 9	12 16	3 12	B. wins.

— 2 —

19 26	30 23	12 16	
			B. wins.

— 3 —

14 21	26 22	3 8	
			B. wins.

— 4 —

26 22	30 23		
14 21	19 26	21 25	B. wins.

— 5 —

10 25	6 9	B. wins.

—J. D. Janvier.

18—A.

9 5	8 11	3-15 19	16 11
14 10	23 26	{4 5} 10 7	10 15
5 1-1	11 15	19 24	11 8
10 7	2 6	26 31	15 11
1 10	2-20 16	24 20	8 4
7 14	14 10	7 10	31 27

B. wins.

— 1 —

8 11	5 1	1 10	11 15
23 26	10 7	7 14	2 6

B. wins.

— 2 —

15 19	10 7	15 11	10 14
14 10	19 15	26 31	
20 16	7 10	11 7	B. wins.

— 3 —

15 11	7 2	11 8	4 8
26 31	14 9	27 24	19 15
11 7	16 11	8 4	
10 14	31 27	24 19	B. wins.

— 4 —

19 15	7 10	15 11	26 31
			B. wins.

— 5 —

19 23	10 15	11 8	19 16
26 31	22 17	27 23	17 21
23 18	15 18	8 4	18 14
7 10	16 11	23 19	21 25
18 22	31 27	4 8	6 10

B. wins.---John Robertson.

Corrections of Single Corner.—Part I.

18—B

27 24* 3 7 and Draws. Same as Var. 3 at the 22d move.— J. D. J.

25—A.

7-10 loses; 6-10 and 11-15 Draw here. See the *New England Checker Player*, game No. 263, trunk and var. 4, etc. But, if at the previous move we go
25—B.
(for 30-25 which only draws,)
*24-19 wins; see the New England Checker Player, game No. 263, variation 3, etc.

25—C.

Here 3-7 loses; but play instead, *6-10, and draw. See New England Checker Player, game No. 256.

29—A.

*10-15 and Black wins; see Drummond's 2d edition, page 6, variations L, M, N¹ and N². This play is by Barker Woolhouse.

30—A.

*14-17 and Black wins; see Drummond's 2d edition, page 6, variations E, F, and G.

30—B.

31-27 loses; but play *32-28 and draw. Same as variation 14, at the 11th move.—J. D. Janvier.

41—A.

*30-26 and White wins: see Drummond's first edition, page 35, variations A and B, and John Robertson in the Draught Board.

41—B.

*3-7 will draw here; see Drummond's first edition, page 35, variations C and D.

41—C.

*31-26 here wins: see New England Checker Player, game No. 256, variation 6, at the 2d move.

(45)—A.

*32-27 draws here.—J. D. Janvier.

46—A.

*31-26 draws here: see New England Checker Player, game No. 194, variation 1.

Single Corner.—Part II.

TRUNK.	1	2	3	4	5	6
11 15	8 11	18 15	8 12	18 15	27 24	22 17
22 18	24 20	16 20	19 15	21 1 6	20 27	(24) 9 13
15 22	10 15	24 19	7 10	22 22 17	31 24	18 9
25 18	25 22	7 10	15 11	8 11	9 13	B 13 22
12 16	4 8	19 16 {15 / 16}	12 16	15 8	18 9	26 17
29 25	21 17	10 19	28 24	4 11	5 14	5 14
1 10 14	7 10	16 12	10 15	19 16	19 16	A 16 12
2 25 22	same as	12 2 7	17 23 19	9 13	8 11	(25) 11 15
16 20	Part I,	23 16	16 23	23 19	24 20 {26 / 27}	31 26
24 19	var. 12, at	8 11	26 10	13 22	4 8	8 11
3 6 10	1st move.	13 28 24	14 23	26 17	28 24	26 22
		11 15	27 18	14 18	1 5	(28) 1 5
4 / 5 } 28 24		25 22	20 27	30 25	24 19	23 19
		7 10	31 24	6 9	2 6	5 9
8 11		16 11	6 15	17 14	32 28	17 13
19 16		15 18	18 32 28	10 17	8 12	14 18
4 8		22 15	9 13	21 14	22 18	13 6
6 16 12		10 28	24 19	9 13	6 9	2 9
7 9 13		26 22	15 24	19 15	26 22	22 17
18 9		9 13	28 19	13 17	(23) 3 8	18 23
5 14		30 26	1 6	15 8	30 26	27 18
8 24 19		14 5 9	19 19 15	3 19	14 17	20 27
11 16		27 23	3 8	27 24	21 14	32 23
22 18		20 24	20 21 17	20 27	10 17	15 22
8 11		23 19	2 7	31 15	19 15	17 13
18 9		24 27	11 2	2 6	12 19	But
11 15		32 23	8 11	25 21	23 16	continue,
26 22		28 32	15 8	18 23	9 14	* 9 14
15 24		19 15	4 11	28 24	18 9	13 9
22 18		32 28	2 9	23 26	11 25	22 26
24 28		22 17	5 23	24 19	16 12	9 6
9 / 10 } 9 5		13 22	17 14	26 31	5 14	26 31
2 6		26 10	11 15	19 16	12 3	6 2
11 30 26		28 24	14 10		17 21	31 26
3 8		12 8	23 27		3 17	2 6
12 3		3 12	10 7		13 31	11 15
13 17		11 7	27 31			6 2
21 14		12 16	7 2			15 24
10 17		7 2	31 27			2 11
3 10	(*_*_*)	24 20	2 6			26 19
6 22	21 25	23 18	27 23			11 15
	24 27	20 24	6 10			3 7
	25 22	18 14	15 19			15 6
	27 31	9 18	10 14			7 10
	22 25	2 9	19 24			6 15
	14 10	24 19	22 18			19 10
	25 22	21 17	13 17			B. wins,
	10 15		14 21			Drum'd 2d
	22 17		23 14			pp 87—H.
Drawn.	Drawn.	Drawn.	con. (*_*_*)	Drawn.	B. wins.	Drawn.
10-I	14-Var.	7-E	8-G		8-game	9-B

Single Corner.—Part II.

7	8	9	10	11	12	13
11 16	22 18	30 26	31 26	31 26	6 10	25 22
29 22 17	(35) 14 17	13 17	3 8	3 8	23 16	6 10
8 11	21 14	21 14	12 3	12 3	2 7	26 23
30 26 22	10 17	10 17	10 14	13 17	28 24 36	4 8
31 ⎫	26 22	26 22	3 17	21 14	8 11	22 18
32 ⎬ 9 13	17 26	17 26	13 31	10 17	24 19	1 6
33 ⎭	31 22	31 22		3 10	4 8	30 26
18 9	A 11 16	7 10		6 31	25 22	14 17
5 14	18 14	22 17			9 13	21 14
23 19	8 11	2 7			22 17	10 17
16 23	23 18	9 6			13 22	26 22
27 9	2 6	7 11			26 17	17 26
20 27	14 9	18 14			1 6	31 22
32 23	6 10	10 15			30 25	6 10
34 11 16	9 6	14 10			14 18	28 24
9 5	10 15	15 19			17 14	9 13
16 20	6 2				10 17	24 19
30 26	16 19				21 14	5 9
20 24	18 14				18 23	22 17
17 14	19 28				27 18	13 22
10 17	30 25				20 24	18 15
21 14					18 15	11 18
24 28					11 18	23 5
14 9					19 15	22 26
28 32					18 23	27 23
22 17					25 21	26 31
13 22					24 28	5 1
26 17					31 27	31 26
32 28					23 26	1 6
17 13					27 24	10 14
28 24					6 9	6 2
9 6					24 20	8 11
1 10					9 18	2 6
					16 11	26 22
					7 16	6 9
					20 4	14 17
					18 23	9 6
					4 8	17 21
					26 31	6 2
					8 11	21 25
						32 27
						25 30
						19 15
						11 18
						2 11
Payne, Game 5.						
Drawn.	Drawn.	Drawn.	B. wins.	B. wins.	Drawn.	B. wins.
11-game	10–L	10–F	10–G	10–H	7–Var. 1	7–Var. 2

JANVIER'S STURGES.   13

Single Corner.—Part II.

14	15	16	17	18	19	20
6 10	3 7	10 15	22 17	21 17	19 16	18 14
27 23	18 15	22 17	15 22	9 13	6 10	6 9
1 6	7 16	15 22	17 10	32 27	21 17	22 18
22 17	·15 11	17 10	6 15	1 6	3 7	13 17
13 22	10 15	6 15	26 17	27 23	30 25	14 10
26 17	22 17	26 17	15 18	6 10	2 6	17 22
5 9	38 15 19	9 13	23 14	23 19		10 7
11 7	17 10	17 14	9 18	4 8		9 14
4 8	6 15	15 18	17 14	11 4		18 9
7 2	23 18	14 10	3 7	3 7		5 14
8 11	15 22	18 22	30 26	18 11		7 3
31 27	26 17	23 19	1 6	7 23		8 12
37 11 15	20 24	22 25	32 28	4 8		15 10
17 13	27 20	11 7	6 9	5 9		22 25
15 19	1 6	2 11	26 23	30 25		3 8
23 16	-	19 16	18 22			25 29
10 15		12 19				10 7
16 11		27 24				29 25
3 7		20 27				7 3
11 8		32 7				25 22
7 11		25 29				3 7
19 24						14 18
27 23						7 10
24 27						18 23
11 15						8 3
27 31						23 27
2 7						10 15
31 26						27 32
23 19						
16 23						
7 10						
26 31						
10 17						
31 27						
12 8						
27 24						
15 18						
23 26						
17 14						
		Payne, Game 8.				
W. wins.	Drawn.	Drawn.	Drawn.	Drawn.	B. wins.	B. wins.
7–D	13–A	14–game	14–A	14–D	14–B	14–C

Single Corner.—Part II.

21	22	(23)	(24)	(25)	(26)	(27)
....	....	....	....	....	....	....
14 18	19 16	14 17	1 6	1 5	15 18	2 6
15 6	10 19	21 14	17 13	31 26	(45) 17 13	23 19
18 25	16 12	10 26	14 17	5 9	(46) 8 11	15 18
21 17	41 9 13	19 15	21 14	26 22	(47) 13 9	30 25
1 10	23 16	12 19	10 17	9 13	1 5	7 11
30 21	6 10	15 8	16 12 (44)	22 18 (48)	30 25	26 22
9 13	42 26 23	3 12	11 16	13 22	10 15	11 15
39 23 18	43 8 11	23 16	18 15	18 9	26 22	32 28
13 22	22 18	12 19	7 10	10 14	7 10	8 11
26 17	14 17	30 16	15 11	23 19	32 28	19 16
20 24	21 14	9 14	8 15	22 25	11 16	3 7
27 20	10 17	18 9	23 19	9 5	22 17	12 8
10 15	23 19	5 14	16 23	25 29	2 7	6 9
18 11	4 8	16 12	27 11	5 1	17 13	8 3
7 23	18 14		20 27	29 25	14 17	18 23
B 17 14	2 6		32 23	1 5	23 14	27 18
A 2 6	30 25		10 15	25 22	15 18	20 27
28 24	6 10		11 8	5 9	9 6	17 13
40 8 11	25 21		15 18	14 18	10 15	14 23
24 19	17 22		23 14	19 15	6 2	13 6
4 8	28 24		9 18	11 16	7 11	11 20
21 17	10 17		26 23	9 14	2 7	6 2
8 12	21 14		18 27	16 19	3 10	7 11
17 13	22 25		31 24	14 16	14 7	2 7
6 10	14 10		6 10	7 11	17 22	11 16
14 7	7 14		8 4	16 7	7 3	7 14
3 10	16 7		10 15	2 18	22 29	
32 28	3 10		4 8	21 17		
11 15	12 3		2 7	22 13		
20 16	14 17		24 20			
15 24			15 19			
28 19			20 16			
			19 23			
			8 11			
			7 10			
			11 7			
			10 14			
			7 10			
			23 27			
			16 11			
			27 31			
			11 7			
			17 21			
			10 17			
			3 10			
			12 8			
			31 27			
			8 3			
			a 27 23			
....	....	....	....	....	....	....
Drawn.	Drawn.	Drawn.	W. wins.	Drawn.	Drawn.	Drawn.
8–C	8–Var. 2	8–A	9–game	9–Var. 2	9–Var. 3	9–Var. 1

(a) Continue 3-7, 10-15 18-9.

Single Corner.—Part II.

(28)	29	30	31	32	33	34
2 6	24 19	17 13	1 6	10 15	2 6	10 15
(49) 23 19	8 11	14 17	30 25	17 10	12 8	23 18
14 18	50 30 25	13 6	55 11 15	7 14	3 12	15 19
30 26	10 15	2 9	18 11	22 17	24 19	18 14
18 25	19 10	21 14	56 14 18	15 22		1 5
12 8	16 19	10 17	22 15	17 10		30 26
3 12	23 16 52⎫	24 19	10 26	11 15		11 15
17 14	14 30 53⎭	9 14	11 8	23 19		14 10
10 17	22 17	18 9		16 23		5 14
19 3	7 14	5 14		27 11		12 8
17 22	16 7	23 18		20 27		3 12
	3 10	14 23		32 23		10 3
	17 13	27 18		22 25		14 18
	1 6	16 23		10 7		3 8
	12 8	26 19		3 10		18 25
	2 7	11 16		12 8		8 11
	8 3	31 26		10 14		13 22
	14 18	16 23		23 19		11 18
	51 3 8	26 19		25 29		25 30
	10 14	20 24		8 3		26 17
	8 3	54 19 16		29 25		30 25
	7 10	17 22		3 8		17 14
	3 6	18 25		25 22		19 24
	18 23	7 10		11 7		14 9
	27 18	15 6		2 11		12 16
	14 23	1 10		8 15		
	31 26					
	23 27					
	32 28	•				
	10 14					

Drawn.	B. wins.	Drawn.	W. wins.	W. wins.	W. wins.	Drawn.
9-E	10-C	10-game	11-Var.3	11-Var.1	11-Var.2	11-C

Single Corner.—Part II.

(35)	(36)	37	38	39	40	41
1 5	9 13	11 16	6 10	26 22	3 7	8 11
18 9	22 18	2 7	17 13	8 11	20 16	23 16
5 14	14 17	10 15	1 6	19 16	8 12	4 8
24 19	21 14	17 1	(60) 30 25	4 8	14 10	22 17
(57) 11 16	10 17	3 10	61 15 18	23 18	12 28	6 10
23 18	18 14	1 6	26 22	2 6	10 1	17 13
14 23	1 6	9 13	62 10 15	31 26	7 11	2 6
27 18	23 19	12 8	22 17	20 24	1 6	30 25
16 23 (58 59)	17 22	10 14	6 10	64 27 20		10 15
26 19	14 9	8 3	13 6	8 12		28 24
8 11	5 14	15 19	2 9	32 27		14 17
	12 8	6 9	17 13	12 19		21 14
	3 12	19 26	18 22	27 24		9 18
	19 15	9 18	25 18	10 15		25 21
	12 19	26 31	15 22	20 16		6 10
	15 8	27 23	13 6	11 27		26 23
	4 11	31 27	10 15	18 2		18 22
	27 24	3 8	31 26	6 9		13 9
	20 27	27 24	22 31	2 6		5 14
	31 8	8 12	6 2	27 32		
		24 19	31 24	6 10		
		21 17	28 10	32 27		
		19 26	63 16 19	10 15		
		12 19	23 16	27 23		
		13 22	12 19	15 24		
		18 25	2 7	23 30		
			19 23			
			11 8			
			4 11			
			7 16			
Drawn.	Drawn.	W. wins.	W. wins.	B. wins.	Drawn.	W. wins.
10–K	7–A	7–F	13–Var.	8–Var. 1	8–D	8–H

Single Corner.—Part II.

42	43	(44)	(45)	(46)	(47)	(48)
....	....	....	....	....	....	....
22 17	28 24	30 25	30 25	2 6	11 15	10 15
13 22	8 11	10 15	1 6	24 19	30 25	30 25
26 17	22 17	17 10	17 13	8 11	7 11	1 5
14 18	·13 22	7 14	8 11	12 8	26 22	26 22
30 25	26 17	23 18	26 22	3 12	1 5	7 10
8 11	14 18	14 23	11 15	19 16	22 17	32 28
31 26	24 19	27 18	23 19	12 19	18 22	11 16
2 6	11 15	20 27	6 9	23 16	25 18	22 17
28 24	32 28	32 23		14 17	15 22	2 7
18 23	15 24	2 7		21 14	9 6	17 13
26 19	28 19			10 17	2 9	14 17
5 9	18 25			26 22	17 13	21 14
25 22	17 13			17 26	22 26	10 17
	22 25			30 14		23 14
	31 26			1 5		7 10
	4 8			16 12		14 7
	26 22			6 10		
	8 11					
	27 23					
....	....	....	....	....	....	....
Drawn.	B. wins.	Drawn.	Drawn.	Drawn.	Drawn.	Drawn.
8-F	8-E	9-A	9-C	9-F	9-G	9-H

Single Corner.—Part II.

(49)	50	51	52	53	54	55
30 25	19 15	32 28	23 19	26 22	18 14	9 13
14 18	10 19	7 11	16 23	17 26	17 22	18 9
23 14	32 28	3 7	26 19	31 22	14 9	5 14
11 16	19 24	18 22	9 14	7 10	7 11	23 19
32 28	28 19	25 18	18 9	30 25	9 5	16 23
16 19	7 10	10 14	5 14	10 15	24 28	27 9
		7 16	32 28	65 18 14	32 27	20 27
			11 16	9 18	28 32	32 23
			19 15	23 14	27 24	
			7 10	16 19	32 27	
			15 6	32 28	24 20	
			1 10	19 23	27 23	
			27 23	27 18	19 16	
			20 27	20 27	11 15	
			31 24	14 10	16 11	
			16 20	5 9	15 18	
			24 19	28 24		
				27 31		
				18 14		
				9 18		
				24 19		
				15 24		
				22 8		
				31 26		
				8 4		
				26 23		
				4 8		
				23 18		
				8 11		
				18 14		
			Payne. Game 4,			
B. wins.	B. wins.	B. wins.	Drawn.	B. wins.	B. wins.	W. wins.
9–D	10–D	10–E	7–game	10-Var.1	10–A	11–B

Single Corner.—Part II.

(56)	(57)	(58)	(59)	(60)	61	62
9 13	11 15	4 8	6 10	23 19	15 19	2 7
11 8	19 16	30 25	19 15	16 23	25 22	11 2
6 9	14 17	6 10	10 19	26 19	19 24	4 8
8 4	21 14	25 21	14 10	15 24	28 19	22 15
14 18	10 17	17 22	7 14	28 19	14 18	10 26
22 6	32 28	28 24	16 7	20 24	22 15	31 2
13 29	8 11	10 17	3 10	27 20	10 14	16 19
4 8	28 24	21 14	27 24	14 18	11 7	27 24
	7 10	22 25	20 27	32 27	2 18	20 27
	16 7	14 10	31 6	9 14	19 15	32 16
	2 11	7 14		30 26	4 8	12 19
	26 22	16 7		5 9	15 10	2 7
	17 26	3 10		11 8	6 15	19 23
	31 22	12 3		4 11	13 6	7 3
	11 16	14 17		19 15	15 19	8 12
	30 25	3 7		10 19	6 2	3 8
	10 14	10 14		27 23	8 11	23 26
	25 21			18 27	2 6	8 11
	16 19			31 8	11 15	26 30
				14 18	6 9	22 17
				8 3	19 24	14 18
				6 10	9 13	17 14
				13 6	15 19	30 26
				2 9	13 17	12 16
				3 7	18 22	
				10 15	17 10	
				7 11	22 25	
				15 19	10 14	
				21 17		
				18 22		
				Payne, Game 7.		
W. wins.	Drawn.	Drawn.	Drawn.	Drawn.	W. wins	W. wins.
11-A	10-M	7-C	7-B	13-game	13-C	13-D

Single Corner.—Part II.

63	64	65				
20 24	28 19	25 21				
2 6	11 20	9 13				
16 19	19 16	21 17				
23 16	20 24	5 9				
12 19	27 20	32 28				
10 7	8 12	1 5				
14 18	18 15	17 14				
6 10	10 19	16 19				
18 23	16 11	23 7				
10 15	7 16	3 26				
23 26	20 11	18 11				
15 18	5 9	26 31				
	32 27	11 7				
	6 10	9 14				
	11 8	7 2				
	12 16	14 18				
	8 4	2 7				
	9 14	31 26				
		7 10				
W. wins.	B. wins.	B. wins.				
13–B	8–B	10–B				

Corrections of Single Corner.—Part II.

6—A.

(At the 7th move of Var. 6, the A was omitted by an oversight. Our readers will do well to mark the A opposite 12-16.)

31 26*	5 9	30 5	15 19
1 5	19 15	6 10	23 18
17 13	10 19	5 1	19 24
2 6	24 15	10 15	28 19
16 12	7 10	27 23	16 23
11 15	21 17	8 11	10 15
23 19	14 21	1 6	
15 18	26 23	11 16	
32 28	10 26	6 10	Drawn.

— 1 —

30 25	8 11	3-18 14	10 15
11 16	21 17	2 7	
25 21	1 5	23 18	B. wins

Drummond's 2d, page 87,—E.

— 2 —

| 25 21 | 32 28 | 28 24 |
| 2 6 | 6 9 | 1 5 B. wins. |

Drummond's 2d, page 87,—F.

— 3 —

| 32 28 | 2 6 | 24 19 | 6 9 |

B. wins.

Drummond's 2d, page 87,—D.

6—B.

| *5 14 | 16 12 | 13 22 | 26 17 |

B. wins.

This avoids A above, and is now same as Var. 6, at the 8th move.

21—A.

*3 7	24 19	8 11
28 24	4 8	21 17
8 12	32 28	2 6 B. wins.

8—A.

*7 10	27 18	21 25	6 2
24 19-1	2 11	22 18	24 27
11 16	18 15	25 30	2 7
30 25	11 18	18 14	27 31
8 11	22 15	30 26	7 11
18 15-2	13 17	14 9	23 18
11 18	15 10	26 23	32 28
23 7	17 21	9 6	31 27
16 23	25 22	20 24	B. wins.

Drummond's 2d, page 86—L.

21—B.

20 16*	9 13	21 14	23 26
2 6 {½	17 14	8 11	27 23
28 24	13 17	14 10	18 27
5 9	14 10	15 18	32 23
16 12	6 15	31 27	Drawn.

— 1 —

| 8 12 | 12 19 | 3 7 |
| 31 27 | 27 18 | 18 15 | Drawn. |

— 2 —

| 3 7 | 8 11 | 11 20 | 20 27 |
| 28 24 | 31 27 | 27 18 | 32 23 |

Drawn, Janvier.

Bristol.

GAME.	1	2	3	4	5	6
	11 16	8 11	16 19	16 20	24 20	24 19
	22 18	9 25 22	23 16	29 25	16 19	9 13	7 10
1) 2)	10 14	4 8	12 19	12 16	23 16	17 10	.7 24
	25 22	10 29 25	24 15	18 15	14 23	6. 22	16 20
3	8 11	a 16 19	10 19	8 12	26 19	26 17	19 16
		24 15	25 22	B 15 11	4 8	13 22	20 27
4) 5)	29 25	10 19	9 14	7 10	31 26	30 25	16 7
	4 8	23 16	18 9	22 18	6 10	7 10	2 11
6) 7)	18 15	12 19	5 14	10 15	18 27 23	25 18	31 24
	11 18	11 27 24	22 17	25 2_	2 6	10 15	12 16
	22 15	9 14	7 10	15 6 10	29 25	18 14	24 19
	16 20	18 9	27 24	24 19	9 13	3 7	8 12
8	26 22	5 14	2 7	15 24	19 23 18	24 19	32 27
	14 18	24 15	24 15	28 19	10 15	15 24	16 20
	23 14	11 18	10 19	16 9 13	19 10	28 19	21 17
	9 18	22 15	17 10	18 9	12 19	1 6	14 21
	24 19	7 10	7 14	5 14	20 26 23	29 25	19 16
	7 11	32 27	32 27	19 15	6 15	6 9	12 19
	27 24	10 19	3 7	10 19	23 16	21 17	23 7
	20 27	27 23	27 24	22 17	1 6	9 18	10 14
	32 14	8 12	12 7 11	13 22	21) 22) 21 17	23 14	26 23
	11 18	23 16	24 15	26 10	6 10	16 23	3 10
	22 15	12 19	11 18	19 26	23 25 21	27 18	28 24
	6 10	31 27	28 24	30 23	5 9	12 16	10 15
	14 7	3 8	8 11	17 3 8	28 24	25 21	18 11
	2 18	27 24	29 25	11 7	10 14	2 6	9 13
	28 24	2 7	4 8	2 11	17 10	32 27	22 18
	3 7	24 15	24 19	10 7	7 23	16 19	6 9
	21 17	17 10	6 9	11 15	16 7	17 13	11 7
	7 10		26 22	7 3	3 10	6 10	13 17
	17 14	a	13 18 23	15 19	20 16	18 15	18 15
	10 17	10 14	22 17	23 18	10 14	11 18	14 18
	25 22	same as	14 18	A 19 23	16 11	27 23	23 14
	18 25	game at 7.	17 14	18 15	8 12	10 17	9 18
	30 14		1 5	23 26	11 7	21 14	24 19
	8 11		19 15	31 22	12 16	19 26	17 22
			9 13	16 19	24 20	31 15	27 23
			14 10	15 10	16 19		
			14 23 27	19 24	7 3		
			31 24	27 23	14 18		
			18 23	24 27	3 7		
			10 7	23 18	18 25		
			11 18	27 31	7 11		
			7 3	18 14	19 24		
			8 12 3 8 23 27 6 11 27 32 24 20 18 13 32 22	8 11 10 7	11 27 24 31		
	Payne, game 43.	Payne, game 23.			Payne, game 34.	
	Drawn.	Drawn.	Drawn.	Drawn.	Drawn.	Drawn.	Drawn.
	59–game	36–game	29–B	31–game	61–D	47–game	30–game

Bristol.

7	8	9	10	11	12	13
24 20	24 19	24 20	24 20	21 17	7 10	1 5
16 19	7 10	26 10 15	16 19	9 14	24 15	22 15
23 16	19 16	27 28 24	23 16	17 10	10 19	11 18
14 23	10 19	15 22	12 19	7 23	31 27	19 16
24 27 19	25 22	25 18	29 25	27 18	8 11	18 22
12 19	2 7	6 10	9 14	11 16	29 25	25 18
32 27	22 18	18 14	18 9	18 15	6 10	14 23
9 14	7 10	9 18	5 14	6 9	27 23	21 17
18 9	18 15	23 14	22 17	22 17	11 16	8 12
5 14	3 7	10 17	11 15	1 6	25 22	16 11
25 27 23	27 24	21 14	17 13	26 22	10 15	9 13
8 12	20 27	4 8	7 11	3 7	31 22 17	17 14
23 16	31 24	26 23	28 25 22	22 18	15 18	12 16
12 19	14 17	16 19	3 7	7 10		11 7
31 27	21 14	24 15	27 24	17 13		16 20
6 10	9 27	11 18	14 18	16 20		7 2
27 23	32 23	29 25	29 22 17	25 22		23 27
3 8	10 14		8 12	9 14		31 24
23 16	16 11		30 17 14	18 9		20 27
8 12			10 17	5 14		2 6
26 23			21 14	22 18		27 31
12 26			1 5	14 23		6 10
30 23			32 27	31 27		31 27
10 15			18 22	8 12		10 15
22 17			26 17	27 18		27 23
7 10			19 23	19 23		30 25
25 22			27 18			23 26
2 7			15 22			25 21
28 24			A 31 27			26 22
1 5			11 15			21 17
23 19						22 26
14 18						15 18
17 14						13 22
18 25						18 25
19 16						
10 17						
21 14						

			Payne, game 9.		Payne, game 20.	
Drawn.	Drawn.	Drawn.	B. wins.	Drawn.	Drawn.	Drawn.
58–A	59–A	19-Var.2	15-game.	36–A	29-game	29-Var.

Bristol.

14	15	16	17	18	19	20
11 16	3 8	3 8	16 19	22 17	21 17	18 15
10 7	11 7	11 7	23 16	2 6	6 9	7 14
8 12	2 11	2 11	12 19	17 13	25 21	32 27
7 3	24 19	19 15	32 28	10 15	9 14	11 18
5 9	15 24	10 19	2 6	19 10	32 30 25	22 15
3 8	28 19	22 17	10 7	12 19	1 6	6 9
9 14	6 10	19 24	3 10	27 24	33 28 24	20 16
8 11	19 15	17 10	11 8	6 15	11 15	1 6
16 20	10 19	24 28	4 11	13 6	16 11	16 12
31 26	22 17	10 7	27 24	1 10	7 16	14 18
	19 24	11 15	20 27	29 25	20 4	B 27 14
	17 10	18 11	31 8	10 14	15 18	18 23
	24 28	8 15		25 22	22 15	24 20
	10 7	7 3		5 9	13 31	23 27
	11 15	15 18		22 17	25 22	20 16
	18 11	23 14		9 13	12 16	27 31
	8 15	9 18		17 10	19 12	25 22
	7 3	3 7		7 14	10 26	31 27
	15 18			32 27	22 17	22 18
	23 14			8 12	14 18	A 27 23
	9 18			27 23		18 14
	3 7			12 16		9 18
				26 22		15 11
				19 26		8 15
				30 23		28 24
				14 17		19 28
				21 14		26 1
				16 19		
				23 7		
				3 26		
			Payne, game 46.			
W.wins.	W.wins.	W.wins.	Drawn.	Drawn.	Drawn.	Drawn.
29-C	31-A	31-B	31-C	61-A	61-B	61-F

JANVIER'S STURGES. 25
Bristol.

21	22	23	24	25	26	27
30 26	16 12	18 14	26 19	22 17	16 19	27 24
8 12	13 17	8 12	11 15	19 23	23 16	15 22
32 27	21 14	32 27	19 10	26 19	12 19	25 18
12 19	6 10	12 19	12 19	8 12	27 23	6 10
20 16	14 9	27 23	22 17	17 10	4 8	24 19
11 20	5 23	19 26	6 15	6 24	23 16	3 8
18 2	22 17	30 23	30 26	28 19	8 12	28 54
3 8	10 14	B 3 8	9 13	11 16	32 27	9 14
2 9	17 10	A 28 18	17 14	20 11	12 19	18 9
5 14	7 14		1 6	7 32	27 23	5 14
28 24	25 21		17 23		11 16	26 22
19 28	15 19		8 12		20 11	11 15
27 23	30 25		23 16		7 16	20 11
28 32	23 26		12 19		18 15	7 16
	25 22		32 27		16 20	30 25
	14 18		6 9		23 16	B 1 5
	22 15		14 10		10 19	22 18
	11 18		7 14		16 11	15 22
	32 27		27 23		9 14	25 9
	19 24		3 7		25 22	5 14
	28 19		23 16		6 9	29 25
	3 7		7 11		31 27	16 20
	12 3		16 7		9 13	31 27
	26 31		2 11		27 23	8 11
	3 10		31 27		19 24	25 22
	31 6		15 18		28 19	2 7
			26 23		20 24	A 22 17
			13 17		19 16	11 16
			23 19		24 27	19 15
			18 22		16 12	10 26
			25 18		27 32	
			14 32		11 8	
			9 18		32 28	
			19 15		8 4	
			32 27		28 24	
					4 8	
					2 N7	
					22 18	
					24 27	
					18 9	
					27 18	
					30 25	
					5 14	
					26 22	
					7 11	
					8 15	
					16 11	
					22 17	
					13 22	
					25 9	
			Payne,	Payne,	11 7	Payne,
			Game 44.	Game 42.	21 17	Game 13.
					7 2	
					17 13	
Drawn.	B.wins.	Drawn.	Drawn.	B.wins.	Drawn.	Drawn.
61—G	61—H	61—E	57—game	58—game	10—Var. 1	19—game

JANVIER'S STURGES.
Bristol.

28	29	30	31	32	33	34
27 24	21 17	26 23	21 17	*28 24	22 18	8 4
8 12	18 25	19 26	14 21	14 18	13 29	25 29
32 27	30 21	30 14	23 18	23 14	18 2	4 8
▲ 3 7	15 18	15 18	16 20	10 15	29 25	29 25
21 17	24 15	32 27	18 11	19 10	32 27	▲ 8 11
14 21	10 19	18 22	20 24	12 28	25 30	25 22
25 22	32 27	27 23	11 7	26 23		17 14
11 16	18 22	22 25	24 27	8 12		22 18
20 11	27 24	23 19	7 3	23 18		14 10
7 16	22 25	11 16	27 31	5 9		6 15
24 20	24 15	29 11	3 7	14 5		26 23
10 14	11 18	7 23	▲ 31 27	7 23		18 27
20 11	26 22	14 7	7 11	17 14		31 24
14 18	18 23	2 11	1 5	12 16		
22 17	22 18	17 14	11 16			
18 23	25 29	1 5	27 23			
27 18	28 24	24 19	28 24			
15 22	29 25	25 29	19 28			
11 8	24 19	28 24	26 19			
22 25	25 22	29 25	28 32			
34 17 14	19 16	14 10	19 15			
25 29	22 15	6 15	32 27			
8 4	16 11	19 10	16 19			
29 25	20 4	23 26	5 9			
4 8	15 11	31 22	15 11			
1 5	17 14	25 18	9 13			
8 11		10 7	11 7			
6 9		18 15	4 8			
13 6		7 3	7 3			
2 18		11 16	8 12			
11 15		24 20	3 7			
18 23		16 19	27 32			
15 24			7 10			
23 27			23 27			
24 19			10 14			
27 32			27 32			
19 15			14 18			
5 9			32 27			
but			22 17			
continue			13 22			
*15 10			18 25			
9 13			27 31			
31 27			25 22			
W. wins			31 27			
Drwn'd 2,			30 26			
pp 108–H¹			27 23			
			19 15			
			23 30	Payne,		
			15 19	Game 45.		
Drawn.	B. wins.	B. wins.	W. wins	Drawn.	Drawn.	Drawn.
15–A	15–Var. 2	15–Var. 3	29–A	61–game	61–C	15–Var. 1

JANVIER'S STURGES. 27

Corrections of Bristol.

3—A	3—B	10—A	20—A	• 20—B	23—A	23—B
*20 24	*22 18	*30 26	*19 24	*26 23	*28 24	*15 18
27 11	4 8	22 25	28 19	19 26	1 8 12	22 6
8 22	24 19	31 27	27 23	30 14	23 19	13 27
	7 11	25 30	26 22	9 18	15 18	6 2
	26 22	26 23	23 14	28 24	22 6	
	9 13	30 26	30 25	5 9	13 29	
	18 9	14 10	14 18	24 20	6 1	
	5 14	7 21	15 10	9 14	29 25	
	28 24	23 19	6 24	20 16	1 6	
	11 18		22 15		25 22	
	22 15		8 11		6 10	
	6 10		15 8			
	15 6		24 28		1	
	1 10		8 4			
	25 22		28 32		15 18	
	3 7		4 8		22 6	
	22 18		32 27		13 29	
	14 17		8 11		6 2	
	21 14		27 24		29 25	
	10 17		25 22		23 19	
	18 14		9 14			
	17 22		11 15			
	14 9		14 18			
	13 17					
	9 5					
	17 21					
	5 1					
	22 25					
	1 5					
	25 29					
	5 9					
	29 25					
B. wins.	Drawn.	Drawn.	B. wins.	Drawn.	W. wins	Drawn.
G.W.Foster.	Janvier.	J. Tonar.	G. Price.	Janvier.	W.Walker.	Janvier.

Corrections of Bristol.

27—A	27—B	28—A	31—A	34—A	1
*23 18	*1 6	*2 7	*4 8	*17 14	6 9
14 23	22 18	25 22	7 10	19 23	13 6
27 18	15 22	14 18	8 11	26 19	1 19
20 27	25 9	22 17	10 14	25 22	5 1
32 23	6 13	10 14	1 6	8 11	19 23
4 8	29 25	17 10	14 18	22 17	1 5
22 17	16 20	7 14	31 27	14 9	2 6
	23 18	21 17	22 17	17 14	5 1
	20 27	14 21	27 31	9 5	6 9
	32 23	26 23		14 18	1 5
	8 11	19 26		19 15	9 13
	31 27	30 14		1 18 14	5 9
	4 8	21 25		31 27	13 17
	27 24	14 9		14 18	31 26
	11 16	6 10		27 24	23 27
	24 20	27 23		18 14	11 16
	8 11	10 14		11 8	12 19
	18 14	23 19			30 25
	10 17	15 18			21 30
	21 14	9 6			9 13
	13 17	1 10			30 23
	14 9	19 16			13 31
	2 7	12 19			
	9 6	24 6			
	7 10				
	6 2				
	10 14				
W. wins	Drawn.	Drawn.	Drawn.	W. wins	W. wins
R. Graham.	Janvier.	Drum'd 2d, page 108—E.	C. H. Irving.	Drum'd 2d, pp. 108—L.	Drum'd 2d, pp. 108—K.

JANVIER'S STURGES.
Boston.

GAME.	1	2	3	4	5	6
	11 15	4 8	14 9	18 15	6 9	27 23
	22 17	26 22	6 13	20 24	10 22 18	7 10
	9 13	4 8 11	21 14	27 20	13 17	3 19	12 23 16
	17 14	22 18	13 17	7 10	18 15	18 15	10 19
	10 17	16 20	14 9	14 7	9 18	2 7	14 10
	21 14	30 26	5 14	2 27	21 14	15 11	6 15
	8 11	6 9	18 9	21 14	7 11	7 10	18 11
	24 19	29 25	17 21	6 9	11 29 25	11 7	2 6
	15 24	1 6	26 22	32 23	1 6	9 14	13 32 28
	28 19	19 15	21 25		25 22	7 3	6 10
	11 16	11 16	22 17		18 25	6 9	7 11
	25 21	25 22	25 30		30 21	3 8	10 14
1	6 9	5 16 19	17 13		11 18	10 15	16 11
	29 25	23 16	30 26		14 10	22 18	3 10
	9 18	12 19	9 6		6 24	15 22	11 8
	23 14	6 15 11	2 9		27 4	26 10	19 23
	16 23	7 16	13 6		18 27	19 26	26 19
	26 19	14 10	7 11		31 24	31 22	10 15
	4 8	6 15	6 2		12 16	16 19	
	25 22	18 11	11 16		21 17	32 28	
	8 11	2 6	2 6		5 9	9 14	
	22 18	7 32 28	26 31			10 6	
	11 16	20 24				5 9	
	27 23	27 20				6 1	
	16 20	6 10				19 23	
	31 27	8 11 7				27 18	
	13 17	10 15				14 23	
	30 26	20 11				1 5	
	1 6	3 10				9 14	
2 }	19 16	9 11 7				5 9	
3 }	12 19	19 23					
	23 16	26 19					
	6 9	15 24					
	18 15	28 19					
	9 18	10 14					
	21 14						
	7 11						
	15 8						
	3 19						
	27 23						
	18 27						
	32 16						
	20 24						
	14 10						
	24 27						

Payne, game 19			Payne, game 18			
Drawn.	Drawn.	B. wins.	B. wins.	Drawn.	W. wins.	Drawn.
27—game	28—H	28—A	28—game	28—C	28—var. 1	28—var. 2

30 JANVIER'S STURGES.
Boston.

7	8	9	10	11	12	13
22 18	11 8	31 27	29 25	14 10	14 7	16 12
19 24	3 12	10 15	9 18	18 22	3 10	6 10
	20 11		22 15	30 25	23 16	11 8
	19 23		7 11	11 18	10 19	19 23
	26 19		31 26	23 14	18 15	26 19
	10 14		11 18	16 23	2 7	10 14
			23 14	27 18	15 11	22 18
			16 23	8 11	7 10	14 23
			26 19	32 27	11 7	
			1 6	2 6	19 23	
			25 22	18 15	26 19	
			8 11	11 18	10 14	
			22 18	27 23	19 15	
			6 9	6 15	14 17	
			19 15			
			12 16			
			15 8			
			3 12			
			30 26			
			2 7			
			27 24			
			16 20			
			32 27			
			7 11			
			14 10			
			9 14			
			18 9			
			5 14			
		B	26 23			
		A	14 18			
			23 14			
			11 15			
Drawn.	Drawn.	B. wins.	Drawn.	B. wins.	Drawn.	Drawn.
28—E	28—F	28—G	28—B	28—D	28—I	28—K

JANVIER'S STURGES
Ayrshire Lassie.

GAME.	1	2	3	4	5	6
	11 15	22 18	22 17	18 15	31 27	30 26	25 22
	24 20	15 22	4 8	11 18	9 13	9 13	6 9
	8 11	25 18	17 14	20 11	18 9	18 9	30 26
1} 2}	28 24	4 8	10 17	3 7	5 14	5 14	1 5
	4 8	29 25	21 14	22 15		22 18	29 25
	23 18	10 15	9 18			13 17	11 15
	12 16	25 22	23 14			18 9	20 11
	26 23	12 16	6 9			6 13	7 16
	8 12	21 17	26 23			21 14	24 20
	32 28		9 18			10 17	15 24
	10 14	*Same as Single Corner.*	23 14				20 11
	24 19		2 6				12 16
	15 24		31 26				11 8
	28 19		6 9				16 20
	7 10		26 23				23 19
3	27 24		9 18				24 27
	3 7		23 14				
4} 5}	22 17		1 6				
	9 13		30 26				
	18 9		15 19				
	5 14		▲ 26 22				
6	30 26		6 9				
	13 22		27 24				
	25 9		9 18				
	6 13		22 15				
7	26 22		11 18				
	10 14		24 15				
8	29 25		18 23				
	1 5		28 24				
	22 18		23 26				
	5 9		25 21				
	19 15		26 30				
			29 25				
			7 11				
			15 10				
			12 16				
			10 6				
			16 19				
			24 15				
			11 18				
			6 2				
			30 26				
			32 27				
			26 31				
			27 24				
			31 26				
			20 16				
			26 22				
			24 19				
			22 29				
			16 12				
			8 11				
			19 15				
			11 16				
	Drawn.	Drawn.	B. wins.	Drawn.	Drawn.	Drawn.	B. wins.
	67—F	67—A	67—B	67—C	67—D	67—E

JANVIER'S STURGES.

Ayrshire Lassie.		Corrections of Boston.		Cor. of Ayr. Lass.
7	8	10—A.	10—B	2—A
21 17	22 18	* 13 17	* 10 7	* 25 22
13 22	1 5	10 7		6 9
26 17	18 9	17 22		27 24
1 5	5 14	7 2		9 25
29 25	29 25	22 26		24 15
5 9	14 18			11 18
17 13				
9 14				
25 22				
14 17				
13 9				
17 26				
31 22				
11 15				
20 11				
7 16				
23 18				
Drawn.	Drawn.	B. wins.	Drawn.	Drawn.
67—game	67—G	J. Tonar.	Janvier.	D. Kirkwood.

JANVIER'S STURGES.
Double Corner.

Game.	1	2	3	4	5	6
	9 14	5 9	8 11	11 16	4 8	1 5	12 16
	22 18	25 22	25 22	24 20	25 22	18 15	32 27
1	11 15	11 16	3 8	15 24	A 6 9	8 11	16 20
	18 9	29 25	22 27	20 11	17 13	15 8	24 19
	5 14	16 20	11 16	7 16	1 6	4 11	15 24
	23 19	24 19	26 22	18 19	22 17	22 18	28 19
2	6 9	5 8 11	16 23	10 15	9 14	9 13	8 11
	25 22	21 17	27 9	19 10	24 20	18 9	17 14
	9 13	14 21	6 13	2 6	15 24	5 14	10 17
	22 17	18 15	30 26	10 7	28 19	25 22	21 14
	13 22	11 18	C 8 11	3 10	11 15	11 15	4 8
	26 17	23 5	17 14	17 14	26 22	22 17	29 25
	8 11	4 8	10 17	10 17	15 24	15 24	8 12
	29 25	22 18	21 14	21 14	22 18	28 19	26 23
	14 18	7 11	4 8			continue	1 6
	27 23	25 22	24 19			A	14 9
	18 27	11 16	15 24				6 10
	32 23	18 15	28 18				22 18
3	2 6	16 23	11 16				11 15
	30 26	26 19	26 23				18 11
4	6 9	3 7	16 20				7 16
	26 22	B 22 17	32 27				25 22
	9 14	A 7 11	8 11				10 14
	31 26	31 26	29 25				19 15
	4 8	11 18					16 19
	17 13	27 24					23 16
	1 6	20 27					12 19
	24 20	32 7					
	15 24	2 11					
	28 19	17 14					
		11 16					
		28 24					
		16 23					
		26 19					
		8 11					
		14 10					
	Drawn.	Drawn.	Drawn.	Drawn.	W.wins.	Drawn.	Drawn.
	66—A	65—Game	66—D	66—Game	66—B	65—A	66—C

JANVIER'S STURGES.
Corrections of Double Corner.

1—A	1	1—B	4—A	5—A	1	
*20 24	19 16	*31 26	*15 18	13 22	3 8	
27 20	12 19	7 11	23 14	*26 17	19 16	
7 11	26 23	22 17	11 16	7 11	12 19	
31 26	19 26		26 23	30 26	23 7	
11 18	30 7		16 20	1 11 15	2 11	
1 26 23	2 11		22 18	19 16	27 23	
18 27	17 14		20 27	12 19	11 15	
32 23	21 25		31 24	23 16	26 22	
6 9	28 24		8 11	15 18	8 12	
17 13	25 30		17 13	17 13	31 27	
9 14	24 19		10 17	2 7	15 19	
30 26	8 12		21 14	26 23	23 16	
21 25	32 27		7 10	10 15	12 19	
19 16	30 26		14 7	16 12	22 18	
12 19	27 24		3 10	7 11	14 23	
23 16	26 22		24 20	21 17	27 18	
8 12	14 10		10 15	14 21	19 23	
16 11	6 15		19 10	23 14	17 13	
14 18	19 10		6 22		23 26	
26 22	11 15		23 18		21 17	
18 23	10 7		22 26			
22 18	22 18		18 14			
25 30						
28 24						
30 25						
24 19						
25 22						
18 15						
22 18						
15 6						
1 10						

B. wins.	B. wins.	Drawn.	Drawn.	W. wins.	W. wins.
J. Tonar.	J. Tonar.	Janvier.	C. H. Irving.	J. Price.	J. Price.

JANVIER'S STURGES.

Edinburgh.

Game.	1	2	3			
9 13	15 18	A 11 16	6 9			
22 18	22 15	20 4	22 18			
10 15	11 18	3 8	13 17			
25 22	29 25	4 11	26 22			
6 10	8 11	7 32	17 26			
18 14	24 19	14 10	31 22			
10 17	4 8	17 21	9 13			
21 14	28 24	25 22	A 19 15			
1 15 19	1 6	5 9	continue			
24 15	24 20	10 6	*12 16			
11 25	6 10	9 14	15 10			
30 21	32 28	6 1	5 9			
8 11	10 17		14 5			
29 25	23 14		7 23			
11 15	2 2 6		24 19			
25 22	27 24		8 12			
4 8	17 21		22 18			
23 18	25 22		23 27			
8 11	3 6 10		19 15			
28 24	22 17		Drawn,			
12 16	13 22		Janvier.			
B 24 20	26 17					
A 16 19	11 15					
27 23	31 26					
19 24	8 11					
14 9	26 22					
5 14	3 8					
18 9	19 16					
24 28	12 19					
9 5	22 18					
7 10	15 22					
23 18	24 6					
15 19						
18 14						
10 17						
21 14						
2 7						
22 18						
7 10						
14 7						
3 10						
18 15						
11 18						
26 23						
18 27						
31 6						
Drawn.	W. wins.	W.wins.	W.wins.			
69—Game.	60—C	69—B	60—A			

JANVIER'S STURGES.
Corrections of Edinburgh.

Game—A	1	Game—B	1	2—A	3—A
*1 6	27 24	*27 23	3 7	*11 15	*19 16
1 27 23	16 19	16 19	26 23	19 10	12 19
6 9	32 28	23 16	1 6	17 22	24 15
32 28	6 9	11 27	32 27	25 18	
16 19	22 17	18 11	6 10	5 9	
23 16	13 22	7 16	22 18	14 5	
15 19	26 17	31 24	10 17	7 32	
22 17	15 22	1 16 20	21 14	5 1	
13 22	24 8	22 18	13 17	8 11	
26 17	9 18	20 27	24 19	1 5	
9 13	8 4	32 23	16 20	3 7	
31 27	18 23	3 7	19 15	5 9	
13 22	20 16	23 19	17 22	11 16	
27 24	22 25	1 6	15 10	20 11	
22 26	28 24	26 22	7 11	7 16	
24 8	25 29	6 10	10 7	9 14	
3 19	24 20	21 17	22 26	16 20	
	29 25	2 6	7 3	31 27	
	16 12	19 16	26 30	32 23	
	25 22	6 9	23 19	26 19	
	17 13	16 12	30 26	20 24	
	22 18	10 15	3 8	19 15	
	4 8	18 2	26 31	24 27	
	18 15	9 25	8 15	14 18	
	20 16	17 14	31 24	2 7	
	2 6	13 17	19 16	18 23	
	21 17			27 32	
	6 10			28 24	
	8 4			13 17	
	15 11			24 20	
				32 28	
				30 25	
				17 21	
				25 22	
				21 25	
				22 18	
				25 30	
				18 14	
				30 25	
				14 9	
				25 22	
B. wins.	B. wins.	Drawn.	Drawn.	Drawn.	W.wins.
C.H.Irving.	C.H.Irving.	C.H.Irving.	C.H.Irving.	J.D.Janvier.	J.D.Janvier.

CROSS.

Game.	1	2	3	4	5	6
	11 15	11 16	10 14	6 9	31 27	31 26	18 23
	23 18	18 11	19 10	17 13	6 9	18 23	24 13 9
	8 11	16 20	14 23	2 6	13 6		6 22
	27 23	24 19	26 19	21 25 22	2 9		25 9
1	4 8	7 16	7 14	22 15 18	27 23		15 18
	23 19	22 18	16 } 19 15	22 15	18 27		29 25
2	9 14	4 8	17 } 11 18	11 18	32 23		1 5
	18 9	25 22	22 15	29 25	1 5		31 27
	5 14	8 11	12 16	7 11	24 20		5 14
	22 17	29 25	18 25 22	19 15	15 24		25 22
3	15 18	10 14	19 16 19	10 19	28 19		18 25
	26 22	19 15	31 26	24 15	3 7		27 9
	11 15	3 8	14 18	12 16	22 18		10 14
	17 13	15 31 27	29 25	23 32 27	14 17		9 5
	7 11	2 7	20 9 13	3 7	21 14		25 29
4} 22 17		22 17	32 27	26 23	10 17		5 1
5}		7 10	3 7	16 19	25 21		29 25
	6 2 7	17 13	24 20	23 16	17 22		1 5
	7 32 27	10 19	7 11	11 20	21 17		25 22
	8 1 5	26 22	26 23	30 26	9 13		5 9
	9 30 26	19 26		7 11	17 14		14 18
	10 5 9	30 23		26 23	22 26		19 16
	11 26 22	A 6 10		11 16	14 10		11 27
	12 12 16	13 6		31 26			32 14
	19 12	5 9		8 12			12 16
	11 16	6 2		15 11			14 10
	13 27 23	10 15		16 19			16 19
	18 27	28 24		23 16			10 6
	14 24 19	1 6		12 19			8 12
	15 24	2 7		26 22			
	28 19	16 19		18 23			
	16 23	7 16		27 18			
	31 24	19 26		14 23			
	14 18	18 4		21 14			
	22 15	12 28		23 26			
	10 28	22 17		25 21			
	25 22	6 10		26 30			
		17 13					
		26 31					
		13 6					
		31 24					
		4 8					
		14 18					
		8 11					
		24 19					
		21 17					
		18 23					
	Drawn.	W. wins.	Drawn.	Drawn.	Drawn.	B. wins.	Drawn.
	34—H	32—A	32—D	33—C	33—var. 2.	33—E	34—trunk.

JANVIER'S STURGES.
CROSS.

7	8	9	10	11	12	13
31 27	11 16	24 20	11 16	26 23	11 16	24 20
1 5	27 23	15 24	27 23	18 22	27 23	7 11
30 26	18 27	28 19	18 27	25 18	18 27	31 31 26
25 5 9	13 9	11 15	26 22	15 22	30 22 18	18 23
26 ⎫	16 23	27 24	16 23	19 15	15 22	27 18
27 ⎬ 26 23	9 2	7 11	22 18	11 18	25 18	14 30
28 ⎭ 18 22	7 11	31 27	15 22	24 19	14 23	22 18
25 18	24 20	5 9	25 2	12 16	24 20	15 22
15 22	B 27 32	25 22	7 11	19 12	8 11	25 18
23 18	31 27	18 25	24 20	8 11	31 24	30 25
14 23	1 5	29 22	27 32	28 24	23 26	29 22
27 18	27 9	15 18	2 6	11 15	19 15	16 19
11 16	5 14	22 15	10 15	24 19	10 19	20 16
29 17 14	2 6	11 18	6 10	15 24	24 8	11 20
10 17	14 18		15 18	27 20		18 15
21 5	25 22		29 25	18 27		19 23
16 23	18 25			31 24		22 18
18 14	29 22					10 19
6 10	32 27					17 14
14 9	30 25					8 11
	27 23					14 9
	17 13					6 10
	3 7					5 1
	13 9					10 15
	12 16					18 14
	9 5					
	8 12					
	5 1					
	16 19					
	A 6 2					
	12 16					
	1 6					
	23 18					
	6 9					
	19 23					
	9 6					
	23 26					
Drawn.	Drawn.	Drawn.	W. wins.	B. wins.	Drawn.	Drawn.
33—A	34—var.	34—A	34—B	34—C	34—D	34—E

CROSS.

14	15	16	17	18	19	20
24 20	22 17	24 20	22 17	24 20	9 13	9 14
7 11	20 24	14 18	14 18	16 19	24 20	24 20
31 24	17 10	22 15	B 17 14	20 16	16 19	2 7
16 19	16 20	11 18		2 . 7	31 26	22 17
22 18		21 17 (32)	18 23	25 22	5 9	
14 23		18 23	A) 14 10	9 13	29 25	
25 22		19 15	6 15	30 26	14 18	
23 26		2 7	19 10	6 10	B 26 23	
22 18		31 27	11 15	15 6	18 27	
15 22		B 7 10	25 22	1 10	32 16	
24 15		27 18	8 11	32 27	8 11	
10 19		10 19	29 25	10 15	16 7	
		17 13	(33)11 16	16 11	3 19	
		8 11	24 20	7 16	30 26	
		25 22	16 19	22 17	9 14	
		6 10	31 27	13 22	20 16	
		13 6	23 26	26 10	A 14 17	
		10 15	30 16	8 11	21 14	
		20 16	12 19	31 26	6 10	
		11 20	20 16	16 20	14 7	
		18 11	9 13	10 6	2 20	
		1 10	16 11	15 18	25 21	
		11 7	5 9		20 24	
		10 15	10 7		26 23	
		7 2	3 10		19 26	
		19 23	11 8		28 19	
		2 6	9 14		26 31	
		3 7	8 3			
		continue	2 7			
		A	27 24			
			19 23			
			24 19			
B. wins.	B. wins.	Drawn.	Drawn.	Drawn.	Drawn.	Drawn.
34—I	32—var. 1	32—C	32—F	32—B	32—var. 2	32—C

JANVIER'S STURGES.

CROSS.

21	22	23	24	25	26	27
26 23	14 18	31 27	24 20	11 16	26 22	25 22
1 5	29 25	3 7	15 24	27 23	11 16	18 25
32 27	11 16	26 23	28 19	18 27	27 23	29 22
14 18	26 23	16 19	14 18	32 23	18 27	11 16
23 14	18 27	23 16	17 14	14 18	32 23	34 27 23
9 18	32 23	11 20	10 17	23 14	15 18	16 20
21 17	10 14	21 17	21 14	16 30	22 15	32 27
11 16	19 10	14 21	11 15	13 9	16 20	15 18
27 23	6 15	27 24	19 10	6 22	25 22	22 15
18 27	13 6	20 27	6 15	25 2	20 27	7 11
17 14	1 10	32 5	B 31 27	10 17		19 16
16 23	22 17	13 9	8 11	21 14		11 18
31 26	16 20		14 9			24 19
10 17	31 27		A 15 19			35 18 22
26 1	12 16		9 6			19 15
27 32	17 13		1 10			22 31
1 6	8 12		25 22			16 11
8 11	13 9		18 25			10 26
	16 19		29 22			11 4
	23 16		10 15			
	12 19		27 18			
	9 6		19 23			
	14 18		13 9			
	6 2		15 19			
	7 11		22 17			
	30 26		3 7			
	19 23		17 13			
	26 19		11 16			
	18 23		20 11			
	27 18		7 16			
	15 29					
	19 15					
	20 27					
	15 6					
			Payne, game 21.			
Drawn.	Drawn.	Drawn.	Drawn.	Drawn.	Drawn.	Drawn.
33—B	33—var. 1.	33—D	32—game	33—var. 3	33—I	33—F

JANVIER'S STURGES.
CROSS.

28	29	30	31	(32)	(33)	34
27 23	19 15	24 20	27 24	11 15	9 14	26 23
18 27	10 19	16 23	16 19	19 10	22 17	7 11
32 23	24 15	31 24	36 20 16	6 15	14 18	24 20
12 16	7 10	8 11	11 27	32 27	31 27	15 31
19 12	17 14	22 18	31 24	(37)12 16	2 6	32 27
B 15 18	10 19	15 22	8 11	30 26	24 20	31 24
con. A	14 5	25 18	24 20	16 19	18 22	28 19
	8 11	23 26	18 23	24 20	25 18	14 18
	5 1	18 15	22 18	9 13	15 22	22 15
	6 10	11 18	15 22	20 16	27 18	11 27
	1 6	20 16	25 18	2 7	6 15	20 4
	10 15	12 19	23 26	16 12	18 14	27 31
	6 9	24 15	28 24	1 6	10 19	4 8
	22 26	10 19	19 28	27 24	14 10	31 27
		17 1	20 16	6 9	12 16	8 11
		9 14	14 23	26 22	17 14	3 8
			16 7	8 11	22 26	11 4
			10 15	24 20	30 23	27 23
			7 2	18 23	19 26	19 16
			26 30	22 18		12 19
			17 14	15 22		4 8
			9 18	25 18		23 26
				13 17		8 11
				29 25		26 23
B. wins.	Drawn.	B. wins.	B. wins.	Drawn.	Drawn.	Drawn.
33—H	33—A	34—E	34—F	32—H	32—G	33 Var. 4

JANVIER'S STURGES.

CROSS.				Corrections of Cross.	
35	36	(37)		37—A	37—B
20 24	31 27	8 11		* 27 31	* 14 10
27 20	19 23	24 19		17 14	2 6
18 27	24 19	15 24		31 27	26 23
19 15	15 31	28 19			
12 19	22 15	11 16			
28 24	11 18	19 15			
19 28	28 24	16 19			
26 22	23 27	30 26			
	24 19	12 16			
	18 22	15 11			
	25 18	16 20			
	14 23	B 26 23			
	29 25	19 26			
	31 26	31 15			
	25 22	9 18			
	27 32	25 22			
	19 16	18 25			
	23 27	29 22			
	22 18	5 9			
	26 23	22 18			
	17 14	2 6			
	10 17	27 23			
	21 5	20 24			
	23 14	23 19			
		24 27			
		21 17			
		continue A			
Drawn.	B. wins.	Drawn.		B. wins.	Drawn.
33—G	34—G	32—I		Hay.	Hay.

JANVIER'S STURGES. 43
Corrections of Cross.

1—A	8—A	8—B	16—A	1	16—B	17—A
*11 15	*1 5	*15 18	*29 25	12 16	*6 10	*2 7
18 4	23 18	31 24	1 15 19	25 21	27 18	31 27
14 17	5 9	23 26	6 2	15 19	10 19	11 15
21 14	18 23	30 23	7 11	22 18	17 14	19 10
9 18	22 17	18 27	30 26	23 26	8 11	6 15
23 14	23 26	24 19	23 30	30 23	25 22	1 30 26
6 9	25 22	27 31	2 7	19 26	1 6	12 16
	26 23	2 6	30 21	18 15	29 25	24 20
		31 27	7 23	7 10	9 13	8 11
		6 15	5 9	15 11	32 27	26 22
		11 18	32 27	10 15	6 10	16 19
		17 10	9 13	6 10	27 24	21 17
		18 23	23 26		10 26	9 13
		25 22			30 16	27 24
		27 24			12 19	1 6
		19 15			24 8	32 27
		24 27			3 12	6 9
		22 18			18 15	27 23
		23 26			13 17	18 27
		20 16				
		12 19				
		10 16				1
		1 10				
		15 6				24 20
						8 11
						30 26
						1 6
						28 24
						12 16
						26 23
						6 10
						21 17
						16 19
Drawn.	W.wins.	Drawn.	W.wins.	W.wins.	Drawn.	B. wins.
Anderson.	Anderson.	T.M.Rodd.	H.S.Rogers.	H.S.Rogers.	Drummond.	J.Ash.

Corrections of Cross.

17—B	19—A	19—B	24—A	24—B	28—A	28—B
* 24 20	* 6 10	* 32 27	* 12 16	* 25 22	* 24 20	* 15 19
11 15	16 11	9 14	9 6	18 25	18 27	24 15
19 10	10 15	20 16	1 10	29 22	26 23	1⎫ 11 27
6 15	11 8	2 7	25 22	8 11	27 31	2⎬ 26 23
30 26	1 6	27 24	18 25	14 10	23 19	⎭ 27 31
8 11	8 3	18 23	29 22	15 19	31 27	23 19
25 22	6 10	22 18	23 26	13 9	20 16	8 11
18 25	3 8	6 9	30 23	11 15	11 20	28 24
29 22	2 7	25 22	15 19	22 17	19 15	31 27
3 7	8 12	8 11	23 18	15 18	10 19	24 20
28 24	14 18	15 8	19 24	17 14	17 1	27 24
7 10		3 12	27 23	18 22	9 14	20 16
17 13		24 15	24 27	9 5	1 6	24 15
9 14		12 19	22 17	22 26	14 18	
26 23		15 10	27 31	31 22	6 2	
5 9		7 11		2 6	8 11	1
13 6		10 7		20 16		
2 9		23 27		6 15		25 22
31 27		7 3		16 11		27 31
1 6		14 23		12 16		26 23
32 28		3 8		22 17		31 26
12 16		11 15		23 26		23 19
22 18		28 24		30 23		8 11
15 22		19 28		19 26		29 25
24 19		26 10		11 7		11 15
22 26				3 10		28 24
19 12				14 7		7 11
26 31						
20 16						
11 20						2
12 8						
31 24						28 24
28 19						27 31
9 13						26 23
8 3						8 11
20 24						25 22
3 7						31 36
14 18						23 19
						26 23
Drawn.	B. wins.	Drawn.	B. wins.	Drawn.	Drawn.	B. wins.
John Busby.	W.R.Bethell.	Janvier.	G.W.Foster.	Heffner.	Hefter.	Bowen.

JANVIER'S STURGES.

DEFIANCE. Corrections of Defiance.

Game.	1	Game A	Game B	1	3	4
11 15	16 20	*17 22	*18 14	11 16	18 14	4 8
23 19	24 19	15 8	17 22	19 15	11 15	24 19
9 14	11 16	4 11	26 17	16 19	12 16	7 10
27 23	27 23	26 17	13 22	15 11	7 11	14 7
8 11	20 24	13 22	23 18	7 16	16 20	3 10
22 18	23 18	1 24 20	1 2 6	24 15	15 19	28 24
15 22	16 23	7 10	31 27	16 19	14 10	5 9
25 9	28 19	32 27	2 3 8	14 9	11 15	24 20
5 14	7 11	3 7	24 20	19 23	10 7	10 14
29 25	19 15	27 24	7 10	15 10	15 18	27 23
6 9	11 16	1 5	14 7	23 26	7 11	14 17
25 22	14 10	24 19	11 16	30 23	19 16	32 27
9 13	16 20	5 9	20 11	22 25	11 8	17 21
22 18	10 7	31 27	8 31	23 19	16 19	18 14
14 17	2 11	10 14	32 27	25 30	8 12	9 18
21 14	15 8	19 15	31 24	18 15	18 23	23 14
10 17	23 27	11 16	28 19		4 8	11 18
B 19 15	31 24	20 11	6 10	2	23 27	27 24
A 4 8	30 26	7 16	7 2	....	8 11	22 26
32 27	8 3	27 24	1 5	1 5	27 32	31 24
17 22	27 32	16 20	2 7	19 15	12 8	18 27
26 17	3 7	24 19	10 14	4 12 16	32 27	20 16
13 22	32 27	22 26	18 9	15 8	8 3	
15 10	7 10	15 10	5 14	4 11	27 23	
7 14	12 16	26 31	7 10	24 20	3 7	
18 9		10 6	14 17	16 19	23 27	
11 16		31 27	10 15	27 24	7 10	
23 18		6 1	17 21	19 23	27 32	
8 11		9 13	15 11	24 19	11 15	
9 5		18 9	22 25	22 26	19 23	
3 7		27 18	19 15	19 15	10 14	
18 14		1 5	25 29	6 9	23 27	
1 2 6		18 14	15 10	15 8	15 18	
27 23			29 25	3 12	27 31	
6 10		1	10 7	18 15	18 22	
14 9		....	25 22	9 18	31 27	
		24 19	7 3	32 27	22 26	
		7 10	22 18	23 32	27 31	
		32 27	3 7	30 14	25 29	
		11 16	3 18 23	32 27	31 27	
		28 24	11 15	15 11	29 25	
		16 20	4 8	7 16	27 31	
		18 15	7 10	20 11	25 22	
		3 7	23 27	12 16	31 27	
		15 6	10 7	11 7	22 18	
		1 10	27 24	.	27 31	
		23 16	7 10		18 15	
		7 11			31 27	
		27 23	24 20		15 19	
		20 27	15 11		27 31	
		31 24	8 15		14 18	
		2 6	10 19		28 32	
					19 24	
					27 31	
					18 23	
					31 26	
Drawn.	Drawn.	B. wins.	Drawn.	Drawn.	Drawn.	Drawn.
39–C	39–var.1.	Drum'd.	H.Lindsay.	McFarlane.	F.Dunne.	R.Walker.

JANVIER'S STURGES.
DYKE.

Game.	1	2	3	4	5	6
11 15	7 10	22 18	29 25	11 16	8 12	3 7
22 17	27 24	9 14	4 8	29 25	17 10	30 25
15 19	10 15	18 9	27 23	4 8	6 15	9 13
24 15	22 18	6 22	11 15	9 17 13	21 17	25 18
10 19	15 22	26 17	23 16	9 24	3 7	13 22
23 16	24 15	11 15	8 12	10 22 18	17 14	26 17
12 19	6 9 13	7 17 13	32 27	5 9	1 6	7 10
25 22	26 23	7 10	12 19	25 22	28 24	31 26
1 8 11	8 11	21 17	27 23	8 11	15 18	10 19
	15 8	1 6	9 13	22 17	24 19	32 27
2⎫ 27 23 3⎭	4 11	29 25	23 16	7 10	18 22	2 7
	28 24	5 9	15 18	26 22	19 15	17 14
4 4 8	3 7	25 21	22 15	19 26	22 26	7 11
23 16	24 19	4 8	13 29	30 23		27 24
11 20	6 10	31 26	A 16 12	10 15		11 15
29 25	17 14	8 8 12	29 25	17 10		18 11
7 10	10 17	17 14	28 24	15 19		8 15
31 27	21 14	9 18	5 9	31 26		14 10
10 15	1 6	26 23	24 20	6 15		6 9
17 13	30 25	19 26	6 10	13 6		10 7
9 14	6 10	30 7	15 6	2 9		9 14
22 17	25 18	3 10	1 10	11 21 17		
6 10	10 17	27 23	21 17	9 13		
25 22	19 15	12 16	25 21	32 27		
2 6	11 16	21 17	17 13	3 8		
26 23	15 11	2 7	7 11	27 24		
15 18	7 10	32 27	13 6	8 12		
22 15		7 11	2 9	17 14		
10 26		28 24	26 22	1 6		
30 23		16 20	10 15	14 10		
5 8 11		23 19	30 26	6 9		
17 10		15 18	15 19	10 6		
6 15		19 16	22 18	13 17		
28 24		11 15	19 24	22 13		
1 6		16 11	26 23	15 29		
21 17		15 19	21 25	24 8		
6 10		24 15	23 19	9 14		
23 19		10 19	25 22			
15 18		17 14	19 15			
19 16			9 13			
10 15			15 8			
16 7			22 15			
3 10			8 4			
32 28			24 28			
18 22						
27 23						
20 27						
23 18	Payne,		Payne,			Payne,
Payne, 77	Game 26		Game 22			Game 25
Drawn.	Drawn.	Drawn.	B. wins.	Drawn.	Drawn.	W. wins.
38-game	37-A	38-B	35-game	38-D	38-A	37-game

JANVIER'S STURGES.   47

DYKE.

7	8	9	10	11	12	
29 25	9 14	31 27	12 17	32 27	23 18	
4 8	27 23	9 13	8 11	3 8	14 23	
25 22	8 12	17 14	17 10	27 24	31 27	
5 9	23 16	6 9	7 14	8 12	16 20	
17 13	12 19	22 18	12 25 22	21 27	27 18	
2 6	26 23	8 11	B 14 17	1 5	20 24	
22 17	19 26	27 24	21 14	17 13	25 22	
7 10	30 23	11 15	6 9	9 14	3 7	
A 31 26	2 7	18 11	13 6	18 9	22 17	
8 12	23 19	9 27	2 25	5 14	6 10	
27 24	15 24	32 23	30 21	13 9	17 14	
9 14	28 19	16 20	5 9	14 18	10 17	
32 27	7 11	24 15	23 18	23 14	21 14	
12 16	32 28	7 16	1 5	16 20	1 6	
34 20	3 8	15 11	21 17	22 17	26 23	
14 18	28 24	1 6	9 13	20 27	19 26	
20 11	8 12	25 22	17 14		30 23	
19 23	24 20	6 9	3 8			
26 19		22 18	32 27			
15 31		2 6	8 12			
11 7		26 22	A 27 23			
10 14		6 10	13 17			
17 10		11 7	14 10			
6 15		10 15	17 21			
7 2		18 11	10 6			
31 27		3 10	21 25			
21 17		11 7	6 2			
18 22		10 14	25 30			
17 14		22 18	2 7			
15 19		16 19	5 9			
14 10		23 16	7 10			
27 23		14 23	9 13			
2 7		7 2	10 15			
22 26		23 26				
13 9						
26 31						
9 6						
31 26						
6 2						
26 22						
2 6						
22 18						
30 25						
18 15						
25 21						
23 26						
21 17						
19 23						
B. wins.	Drawn.	Drawn.	Drawn.	Drawn.	Drawn.	
38–var. 1	38–C	38–var. 2	38–F	38–E	38–G	

JANVIER'S STURGES.
Corrections of Dyke.

3—A	7—A	10—A	10—B			
*15 11	*17 14	*27 24	*6 10			
29 25	9 18	19 23	22 17			
28 24	27 23	26 19	2 6			
6 10	18 27	16 23	30 25			
24 20	32 16	24 20	11 15			
10 15	15 18	13 17	31 27			
16 12	31 26	28 24	15 18			
7 16	10 15	17 22	27 24			
20 11	16 11	24 19	18 27			
15 19	8 12		32 23			
31 27	30 25		3 8			
	12 16		24 15			
	26 22		10 19			
	16 19		17 10			
	22 17		6 15			
	18 22		25 22			
	25 18		8 12			
	15 22					
	17 14					
	1 5					
	21 17					
	22 25					
	11 7					
	3 10					
	14 7					
	25 29					
	7 3					
	29 25					
	3 7					
	25 22					
	7 11					
	22 18					
	11 7					
	19 23					
	28 24					
	23 26					
	24 20					
	26 30					
	20 16					
	30 25					
	16 11					
	25 21					
	17 14					
	18 9					
	7 2					
Drawn.	Drawn.	W.wins.	Drawn.			
Janvier.	Janvier.	J.Price.	Janvier.			

JANVIER'S STURGES.

GLASGOW.

Game.	1	2	3	4	5	6
	11 15	31 27	9 14	10 15	4 8	12 16	6 9
	23 19	7 16	24 19	24 20	26 23	24 20	17 13
	8 11	17 13	16 23	16 19	A 9 14	16 19	1 6
	22 17	9 14	26 19	17 13	24 19	17 14	22 18
	11 16	26 23	4 8	4 8	8 11	9 18	2 7
	24 20	16 19	30 26	8 30 25	30 26	22 15	29 25
	16 23	23 16	8 11	B 2 7	16 20	6 9	11 16
	27 11	12 19	26 23	22 18	17 13	15 6	32 27
	7 16	30 26	6 11 15	15 22	20 24	1 10	14 17
	20 11	4 8	32 28	25 18	22 17	20 16	21 14
	3 7	27 23	15 24	7 10	11 16	2 7	10 17
1	28 24	8 12	28 19	A 29 25	26 22	A 32 27	25 22
	7 16	23 16	5 9	10 14	16 20	9 14	17 26
2)	25 22	12 19	29 25	18 15	31 26	16 12	31 22
3}	16 20	32 27	9 13	14 17	24 28	5 9	16 20
4)	29 25	14 18	31 27	21 14	29 25	25 22	22 17
	20 27	25 22	7 1 5	9 18	20 24	9 13	
	31 24	18 25	27 24	20 16	19 16	27 23	
5	9 14	29 22	6 9	18 23	12 19	19 24	
	26 23	10 14	24 20	26 22	23 16	22 18	
	4 8	27 24	2 7	19 24		14 17	
	24 19	19 23	20 16	16 11		21 14	
	8 11	26 19	14 18	12 16		10 17	
	30 26	14 17	23 14	11 4		18 15	
	11 16		9 18	23 27		24 27	
	17 13		22 6			23 18	
	2 7		13 29			27 31	
	22 18		6 2			26 23	
	14 17		7 10			31 26	
	21 14		16 11			23 19	
	10 17		10 14			26 23	
	25 21		2 6			18 14	
	6 10		29 25			23 16	
	21 14					15 11	
	10 17					17 22	
	18 14					11 2	
	17 21					13 17	
	19 15					14 10	
						16 19	
						2 7	
						19 23	
						7 3	

| | | Payne, | Payne, | | | | |
| | | Game 33. | Game 37. | | | | |

Drawn.	Drawn.	Drawn.	Drawn.	W.wins.	Drawn.	W.wins
52-Va.	46-game	52-game	52-E	52-C	52-F	52-B

JANVIER'S STURGES.
Corrections of Glasgow.

7	8	3—A	3—B	4—A	5—A	
6 9	31 27	*32 28	*8 11	*16 19	*25 22	
27 24	8 11	19 23	21 17	24 15	9 13	
2 7	32 28	26 19	6 10	10 26	22 18	
19 15	9 14	8 11	13 6	30 23	10 14	
10 26	29 25	19 15	2 9	9 14	18 9	
17 3	6 10	10 19	17 13	17 10	5 14	
9 14	27 24	21 17	1 6	6 15	32 27	
3 7	5 9	19 23	22 18	21 17	4 8	
26 31	13 6	28 24	15 22		16 12	
24 19	2 9	6 10	25 18		8 11	
31 27	22 17	13 6	10 14		12 8	
7 10	9 13	10 15	26 22		11 16	
27 24	25 22	18 14	14 23		26 22	
10 17	1 5	1 10	22 18		7 10	
24 15	26 23	14 7	19 24		8 3	
17 14	19 26	23 27	32 28		10 15	
1 5	30 23	7 3	24 27		3 7	
21 17	5 9	27 32	31 24		16 20	
	24 19	17 13	23 26		27 23	
	15 24	12 16	24 19		19 26	
	28 19	3 8	26 31		30 23	
	11 15	32 28	19 15			
	20 16	8 12	11 16			
	15 24	28 19	20 11			
	26 11	31 26	31 26			
	24 27	25 18				
	11 7	26 22				
	27 31	18 25				
	7 3	29 22				
	31 27					
	23 19					
	27 23					
	19 15					
	10 19					
	17 10					
	19 24					
	10 6					

Drawn.	B. wins.	W. wins.	Drawn.	Drawn.	W. wins.	
5½—A	5½—D	W.R.Bethell A.D.P. 33	W.R.Bethell A.D.P. 3	Janvier.	G. Price.	

JANVIER'S STURGES.   51
Laird and Lady.

Game.	1	2	3	4	5	6
11 15	25 22	6 10	13 17	11 16	1 6	6 10
23 19	See	15 6	28 24	15 11	28 24	15 6
8 11	Pioneer.	1 17	11 16	8 15	17 21	1 17
22 17	.	25 22	26 23	19 10	26 23	23 14
9 13		18 25	16 20	16 20	A.13 17	11 15
1 17 14		30 24	B 31 26	24 19	31 26	19 10
10 18		8 13 17	A 17 21	13 17	6 9	17 22
21 14		27 23	15 10	25 22	20 16	25 18
15 18		9 11 16	6 15	18 25	11 20	5 9
19 15		26 22	19 10	29 6	25 22	14 5
4 8		17 26	8 11	2 18	18 25	7 32
2} 24 19		31 22	25 22	10 6	29 6	31 27
3} 6 9		16 20	18 25	1 10	2 18	32 23
28 24		32 27	19 22	19 16	23 14	24 19
4 13 17		8 11	11 15	12 19	7 11	23 16
24 20		22 18	23 19		15 10	20 4
9 13		7 10	2 6		11 16	
32 28		14 7	26 23		26 23	
5 2 6		3 10	6 9		8 11	
28 24		18 15	22 17		10 6	
17 21		11 18				
26 23		23 7				
6} 18 22		2 11				
7} 25 18						
6 10						
15 6						
1 17						
18 15						
11 18						
23 14						
8 11						
29 25						
11 15						
19 10						
17 22						
·25 18						
5 9						
14 5						
7 32						
24 19						
13 17						
Drawn.	B. wins.	Drawn.	Drawn.	W.wins.	W.wins.	Drawn.
55–Var.		55–H	55–F	55–E	55--D	55–A

JANVIER'S STURGES.
Laird and Lady.

7	8	9	10	11	(12)	(13)
13 17	2 6	2 6	17 22	6 10	27 24	11 15
31 26	29 25	23 18	15 10	(12) 27 23	11 15	19 16
6 9	A 13 17	17 21	12 26	11 16	24 20	12 19
14 10	-25 21	26 23	19 15	28 24	15 24	23 16
7 14	11 11 16	11 16		16 20	28 19	3 8
25 22	14 10	28 24		32 28	8 11	
18 25	16 30	6 9		20 27	32 27	
29 6	21 14	32 27		31 24	(13) 3 8	
11 18	6 15			8 11	27 23	
6 2	31 26			24 20	17 22	
5 9	30 23					
19 15	27 2					
9 13	8 11					
23 19	2 6					
13 17	11 15					
26 23	6 10					
10 18 22	15 18					
20 16						
22 26						
16 11						
26 31						
11 4						
31 26						

W. wins.	W. wins.	Drawn.	W. wins.	W. wins.	Drawn.	W. wins.
55–B	55–I	55–G	55–C	55–K	55–M	55–N

JANVIER'S STURGES.
Corrections of Laird and Lady.

3—A	3—B	5—A	8—A			
*18 22	*15 10	*12 16	*11 16			
25 18	6 15	19 12	26 23			
12 16	19 10	7 10	13 17			
19 12	17 21	14 7	25 22			
7 10	31 26	3 28	17 26			
14 7	8 11	12 3	31 22			
3 28	25 22	28 32	6 10			
12 3	18 25	23 14	22 17			
2 7	19 22	32 23	8 11			
3 10	11 15		27 24			
6 31	23 19		16 20			
27 24	2 6		23 18			
20 27	26 23		20 27			
23 19	6 9		32 23			
5 9	22 17		12 16			
32 23	9 18		19 12			
31 26	23 14		10 15			
	15 18		17 13			
	19 15		15 22			
	18 22		13 9			
	24 19		7 10			
			14 7			
			5 14			
			7 2			
			22 26			
			28 24			
			26 31			
			23 19			
			31 37			
			24 20			
			27 23			
			29 16			
			11 15			
			16 11			
			23 19			
			2 6			
B. wins.	Drawn.	Drawn.	Drawn.			

D'd 1, game 5-F. Hay. Drum'd 1st. Drummond.

Maid of the Mill.

Game.	1	2	3		
11 15	17 13	2 7	10 15		
22 17	8 11	22 15	27 24		
15 18	26 23	11 18	6 10		
23 14	10 14	31 26	16 12		
9 18	24 20	B 8 11	14 17		
1 17 14	11 15	A 19 16	21 14		
10 17	28 24	12 19	10 17		
21 14	4 8	23 16	25 21		
8 11	30 26	3 14 17	18 22		
24 20	8 11	21 24	21 14		
6 9	B 26 22	10 17	22 31		
26 23	3 8	16 12			
3 8	32 28	11 15			
23 19	7 10	12 8			
18 22	24 19	17 21			
25 18	15 24	25 22			
11 16	28 19	18 25			
20 11	2 11 15				
8 22	27 24				
30 25	18 27				
9 18	13 9				
27 23	6 13				
18 27	22 17				
25 18	13 22				
5 9	25 4				
32 23	27 32				
4 8	4 8				
29 25	32 27				
12 16	29 25				
19 3	5 9				
2 6	25 22				
3 10	9 13				
6 29	8 11				
	1 5				
	11 8				
	2 7				
	8 3				
	7 11				
	3 7				
	27 23				
	continue				
	A				
Payne, Game 15.					
Drawn.	Drawn.	Drawn.	W.wins.		
24–game	24–var.	24–A	24–B		

JANVIER'S STURGES. 55
Corrections of Maid of the Mill.   2d Double Corner.

1—A	1—B	2—A	2—B		Game.	1
7 16	*23 19	*13 9	*5 9		11 15	27 20
*10 15	6 10	6 13	25 22		24 19	8 11
19 10	26 23	26 22	18 25		15 24	22 18
12 28	14 17	11 15	29 22		1 28 19	10 15
10 7	23 14	27 24	1 5		8 11	28 24
23 19	17 22	18 27	22 18		22 18	15 22
7 3	25 18	22 17	14 17		10 14	25 18
28 32	15 22	13 22	21 14		25 22	7 10
3 8	21 17	25 2	10 17		11 16	29 25
32 28	1 6		19 16		2 30 25	10 15
8 12	13 9		12 19		4 8	25 22
28 24	6 13		23 16		22 17	6 10
12 8	27 23		8 12		16 20	23 19
19 15	10 15				17 10	9 14
20 16	19 10				6 24	18 9
24 19	5 9				32 28	5 14
16 12					8 11	26 23
19 16					28 19	1 6
31 27					11 16	30 26
14 18					3 21 17	4 8
					7 10	22 17
					17 13	7 15 18
					4 9 14	32 28
					18 9	18 27
					5 14	B 20 16
					26 22	11 20
					5 3 8	19 15
					13 9	10 19
					8 11	17 1
					22 18	A 19 23
					14 17	26 19
					25 21	27 32
					17 22	19 16
					21 17	20 27
					6 22 26	31 24
					31 22	12 19
					1 5	24 15
					9 6	
					2 9	
					17 13	
					9 14	
					18 9	
					5 14	
					22 18	
					14 17	
					29 25	
					17 22	
					18 14	
					10 17	
B. wins.	Drawn.	W. wins.	Drawn.		Drawn.	Drawn.
Fife News.	Hay.	Kirkwood.	Janvier.		68—game	68—B

JANVIER'S STURGES.
Second Double Corner.

2	3	4	5	6	7	(8)
27 24	26 22	1 6	14 17	1 5	3 7	2 7
16 20	7 10	25 22	B 25 21	17 14	17 13	22 18
A 32 28	18 15	9 14	17 26	10 17	15 18	1 5
20 27	10 14	18 9	31 22	19 15	31 27	18 15
31 24	15 11	5 14	(8) 10 14	5 14	18 22	10 14
4 8	14 18	22 18	29 25	15 8	26 17	15 11
29 25	22 15	14 17	3 8	16 19	11 15	7 10
6 10	9 14	26 22	13 9	18 9	A 23 18	29 25
19 16	A 27 24	17 26	A 1 5	19 26	15 22	
12 19		31 22	22 18	9 6	19 15	
24 6		3 7	8 11	2 9	10 28	
1 10		29 25	25 22	29 25	17 3	
28 24		7 11	11 15		22 26	
8 11		25 21	18 11			
24 19		6 9	14 18			
3 8						
19 15						
10 19						
23 16						
11 20						

B .wins.	B. wins.	Drawn.	Drawn.	Drawn.	Drawn.	Drawn.
68—D	68—E	68—F	68—H	68—A	68—C	68—G

JANVIER'S STURGES.
Corrections of the Second Double Corner.

1—A	1—B	2—A	3—A	5—A	5—B	7—A
*3 7	*19 15	*31 27	*15 10	*8 11	*13 9	*13 9
24 15	11 18	4 8	14 18	22 18	17 26	6 22
7 11	20 16	29 25	23 14	11 15	31 22	23 18
31 24	12 19	7 10	16 32	18 11	10 14	14 23
11 18	24 15	32 28	21 17	14 18	9 ' 5	27 4
24 19	10 19	3 7	32 27	23 14	3 8	
8 11	17 1	18 15	31 24	16 32	25 21	
1 5		9 13	20 27	9 5	8 11	
11 16		19 16	10 7	32 27	22 18	
19 15		12 19	3 10	14 10	2 7	
20 24		23 16	14 7	27 23	18 9	
		10 19	27 31	10 7	7 10	
		24 15	17 14	23 18	21 17	
		7 11	31 26	7 3	11 15	
		16 7	7 3	18 15	17 14	
		2 18	26 23	3 8		
		22 15	14 10	15 10		
		6 10		8 3		
		15 6		20 24		
		1 10		25 22		
		28 24		24 27		
		10 15		22 17		
		26 23		10 6		
		8 12		3 8		
		23 19		27 31		
		15 18		11 7		
		19 15		2 11		
		5 9		8 15		
		30 26		31 26		
		13 17		17 14		
		15 11		26 22		
		18 23				
		27 18				
		14 30				
		21 5				
		20 27				
B. wins.	Drawn.	Drawn.	Drawn.	B. wins.	Drawn.	W. wins.
Jas. Price.	Janvier.	Wyllie.	J. Tonar.	G. Price.	J. Robertson.	Jas. Price.

JANVIER'S STURGES.

SOUTER.

Game.	1	2	3	4	5	6
	11 15	14 17	22 17	22 17	14 18	32 28	7 11
	23 19	21 14	14 18	14 18	22 15	15 24	(40) 22 17
	9 14	9 25	23 26 23 A}	26 22	11 18	28 19	41 15 18
	22 17	29 22	4 8 25}		26 23 38}	8 11	A 26 23
	6 9	5 9	23 14	(26) 11 16	32 8 11 39}	27 24	18 27
	⌈17 13	A 27 23	9 18	17 14	23 14	11 15	32 23
	⎮ 2 6	9 14	17 14	(27) 16 23	10 17		3 7
	⌊25 22	24 20	10 17	28 31 26	21 14		30 26
1	8 11	15 24	21 14	10 17	9 18		(42) 14 18
2	29 25	28 19	6 10	21 14	19 15		23 14
	4 8	8 11	14 9	(29) 12 16	3 8		9 18
3	24 20	22 18	5 14	30 26 12 33⎞	31 26		31 27
	15 24	14 17	13 9	6 10 34⎬	6 9		5 9
	28 19	18 14	18 23	13 6 35⎠	13 6		
4	11 15	1 5	27 18	10 26	1 19		
5	27 24	31 27	15 22	30 14	26 23		
6 7	14 17	(20/21)--11 15	9 6	1 17	19 26		
	21 14	19 16	14 18	27 23	30 14		
	9 18	12 19	6 2	(31) 17 21	11 15		
8 9	26 23	23 16	10 15		25 22		
	18 27	(22) 15 18	19 10		36 15 19		
	32 23	16 11	7 14		32 28		
10	10 14	7 16	24 24 19		37 8 11		
	19 10	14 7	11 16		22 18		
	6 15	3 10	19 15		19 23		
11⎞	13 9	20 11	18 23		27 24		
12⎬	7 11	18 22	15 10		23 26		
13	23 19	26 23	16 20		24 19		
	15 18	22 26	10 7		26 30		
14⎞	22 15	23 19	3 10		19 15		
15⎮	11 18	26 31	2 6		30 26		
16⎬	19 15	27 24	12 16		15 8		
17-	18 22	17 22	6 15		7 11		
	25 18	32 27	16 19		14 10		
	14 23	10 14	15 24				
	31 26	11 7	20 27				
	5 14	22 26	31 24				
	26 19	30 23	22 26				
18⎞	14 18	31 26	24 19				
19⎬	15 11	24 20	8 11				
	8 15	6 10	28 24				
	19 10	19 15	26 31				
	18 23	26 19	24 20				
	24 19	15 6	31 27				
	23 27	14 18	19 16				
	19 15	7 3	11 15				
	27 31	19 24					
	15 11	6 2					
	12 16	24 31					
	Drawn.	Drawn.	Drawn.	B. wins.	Drawn.	B. wins.	Drawn.
	45—A	39—var.2	39—A	40—A	42—F	42—R	42—var.

JANVIER'S STURGES.

SOUTER-

7	8	9	10	11	12	13
8 11	22 17	31 27	5 9	14 17	15 19	23 18
32 27	5 9	5 9	23 18	22 13	24 15	14 23
43) 14 18	45 17 14	A 26 23	8 11	5 14	14 18	31 26
44) 26 23	10 17	9 14	48 20 16	50 13 9	23 14	5 14
9 14	19 10	32 28	11 27	15 18	7 10	26 10
31 26	7 14	8 11	18 2	31 27	15 6	14 18
14 17 46) 26 22		30 26	27 32	8 11	1 26	22 15
21 14 47) 17 26		3 8	2 7	30 26	30 23	11 18
10 17	31 15	19 16	10 14	11 15	5 14	25 22
	3 7	12 19	7 11	51 26 22	25 22	18 25
	25 22	23 16	32 28	7 11	52 3 7	30 21
	14 18	8 12	19 15	23 19	22 18	8 11
	22 17		14 18	14 17	14 17	21 17
	18 23		49 22 17	22 18	18 15	11 15
			28 24	18 23	17 22	
			15 10	19 10	23 18	
			6 15	23 32	22 25	
			13 6	9 6	18 14	
			1 10	32 28	7 11	
			11 7	6 2	15 10	
			18 23	28 19	11 15	
				10 6	10 7	
				1 10	15 18	
				2 7	7 3	
				19 15	18 23	
				7 14	14 9	
				12 16	25 29	
				13 9	9 6	
				16 19	29 25	
					6 2	
W. wins.	B. wins.	B. wins.	Drawn.	Drawn.	Drawn.	Drawn.
42—U	43—L	43—var.	43—G	43—A	43—B	45—var.

JANVIER'S STURGES.
SOUTER.

14	15	16	17	18	19	(20)
25 21	30 26	31 26	14 17	15 10	20 16	4 8
18 23	18 23	18 23	25 22	18 23	3 7	14 9
19 15	26 22	26 22	5 14	19 15	30 25	5 14
14 18	23 26	8 11	22 13	23 27	7 10	23 18
31 26	25 21	25 21	1 6	24 19	15 6	14 23
5 14	26 30		24 19	27 31	1 10	27 18
26 19	22 17		3 7	10 6	24 20	(55) 6 9
(53) 18 22	30 25		20 16	1 10	10 14	13 6
15 11			54 14 17	15 6		17 22
8 15			31 27	8 11		26 17
19 10			17 21	6 2		10 15
A 14 18			27 24	31 27		19 10
24 19			18 22			7 23
18 23			24 20			6 2
19 15			22 25			11 15
23 27			30 26			2 6
15 11			25 30			15 18
27 32			26 22			6 10
11 7			30 26			18 22
32 27			22 17			10 15
7 2			26 22			22 26
22 26			17 14			17 14
30 23			22 18			26 31
27 18			14 9			14 10
21 17			18 11			31 26
18 22			9 2			32 27
17 13			21 25			
22 18			13 9			
13 9						
18 23						

Drawn.	B. wins.	B. wins.	Drawn.	B. wins.	B. wins.	W. wins.
45—H	45—F	45—G	45—B	45—E	45—D	39—E

JANVIER'S STURGES.
SOUTER.

21	22	23	24	25	(26)	(27)
17 21	17 31	17 14	32 27	17 14	9 14	10 26
14 9	14 9	10 17	14 17	10 17	24 20	19 10
5 14	5 14	21 14	30 26	19 10	15 24	7 14
30 25	30 25	18 22	12 16 56 ⎫	7 14	28 19	31 15
21 30	21 30	19 10	26 23 57 ⎬ 26 22	(61) 5 9	16 19
19 16	16 12	9 18	17 21 58 ⎭ 17 26	22 15	24 20
12 19		26 17	23 14	59 30 23	11 18	19 23
23 16		7 21	22 25	11 16	27 23	27 18
30 23		29 25	29 22	60 24 20	18 27	14 23
27 2		5 9	19 16	16 19	32 23	21 17
10 14		24 19	24 15	23 16	7 11	3 7
16 12		9 14	11 25	12 19	30 26	25 22
14 18		31 26	14 10	27 24	11 15	7 10
13 9		3 7	25 30	14 17	19 16	22 18
		19 15	27 23	21 14	12 19	10 19
		7 10	30 25	18 23	23 16	18 15
		15 8	23 19	24 15	15 19	23 26
		4 11	25 22	9 18	25 22	30 16
		26 23	19 16	31 27	19 24	12 19
		10 15	8 12	23 26	26 19	
		28 24	16 11		24 28	
		6 9	12 16		23 19	
		13 6	2 6		8 12	
		1 10	22 18		16 11	
			11 7		28 32	
			18 15		11 8	
					32 28	
					8 4	
					28 24	
					20 16	
					24 15	
					16 11	
					15 8	
					4 11	
					14 18	
					22 15	
					10 19	
					31 27	
					12 16	
		Payne game 28			Payne game 30	Payne game 32
W.wins.	W.wins.	B. wins.	B. wins.	B. wins.	Drawn.	Drawn.
39—D	39—G	39—game	39—B	40—var.	41—game	44—game.

SOUTER.

28	(29)	30	(31)	32	33	34
21 17	8 11	26 10	8 11	10 15	18 23	6 10
23 26	26 10	6 15	24 19	19 10	26 19	15 6
30 23	6 15	13 6	15 24	7 14	11 18	1 10
15 19	13 6	1 26		31 26	30 26	26 23
62 23 16	1 26	30 14		8 11	5 9	64 11 15
12 19	30 14	16 20		32 28	19 16	23 14
63 24 15	12 16	25 22		11 15	12 19	10 17
10 19	27 23	8 11		26 22	27 23	25 21
22 15	16 19	22 17		3 7	18 27	
9 18	23 16	11 16		22 17	32 16	
31 26	11 27	17 13		7 10	8 12	
7 10	32 23	7 10		28 24	16 11	
27 23	15 18	14 7			7 16	
18 27	23 19				20 11	
32 16	18 23				9 14	
10 19					11 7	
25 22					14 18	
5 9						
		Payne game 31				
B. wins.	Drawn.	B. wins.	B. wins.	W. wins.	Drawn.	W. wins.
41—B	42—game	45—game	44—var.	42—E	42—var.2	42—L

JANVIER'S STURGES.
SOUTER.

35	36	37	38	39	(40)	41
....	....	....	....	....	....	....
5 9	7 11	7 11	22 17	27 23	32 28	14 18
26 22	27 23	14 10	11 15	14 17	14 18	17 14
65 9 14	12 16	5 9	27 24	21 14	31 27	10 17
13 9		10 7	15 18	9 27	9 14	19 10
6 13		9 14			26 23	6 15
15 10		7 3			B 5 9	D 21 14
		14 18			21 17	66 ⎫ 18 22
		22 15			14 21	67 ⎭
		11 18			23 5	25 18
		27 24			15 18	15 22
					22 15	but
					11 18	continue
					but	A
					continue	
					A	
....	....	....	....	....	....	....
W.wins.	W.wins.	W.wins.	B. wins.	B. wins.	Drawn.	W.wins.
42—I	42—G	42—H	42—S	42—T	42—Q	42—I

JANVIER'S STURGES.
SOUTER.

42	43	44	45	46	47	48
11 15	14 17	3 8	26 23	24 19	25 21	31 26
26 22	21 14	22 17	18 27	17 22	18 22	10 14
68 } 14 18	9 18	15 18	32 23	26 10	24 19	19 10
69 } 23 14	26 23	26 23	9 14	6 24	8 11	14 23
9 18	10 14	11 15	25 22	13 6	32 27	26 19
17 14	19 10	30 26	14 21	1 10	11 15	7 14
10 26	6 15		23 18	32 28	19 10	19 15
19 3	24 19		7 11	8 11	6 15	11 18
26 30			71 31 26		13 6	22 15
24 19			3 7		1 10	14 18
70 8 11			72 18 14			25 22
3 7			10 17			18 25
11 15			19 3			30 21
19 10			11 15			but
6 15						continue
7 10						A
18 23						
10 26						
30 23						
21 17						
W.wins.	W.wins.	W.wins.	B. wins.	B. wins.	B. wins.	Drawn.
42—A	42—V	42—Y	43—I	43—M	43—N	43—E

JANVIER'S STURGES. 65
SOUTER.

49	50	51	52	53	54	(55)
15 10	25 22	9 5	8 11	18 23	18 22	17 21
6 15	1 6	7 10	22 18	20 16	15 11	26 23
13 6	23 19	23 19	14 17	73 3 7	8 24	12 16
1 10	7 10	3 7	23 19	16 11	30 26	19 12
A-11 7	30 25	20 16	17 22	7 16	12 19	10 15
18 23	3 7	14 17	19 15	24 20	26 3	18 14
	25 21	25 21	3 8	23 27	19 23	6 10
	7 11	18 22	15 10	20 4	3 8	14 9
	22 17	21 14	22 25	27 32	23 27	15 18
	15 18	10 17	10 7	4 8	8 11	23 14
	19 15	19 3	25 30	32 27	27 32	10 17
	10 28	12 28	7 3	15 11	11 16	9 6
	17 1	26 23	30 25	27 24	6 10	7 10
	28 32	28 32	31 26	8 4	16 19	6 2
	1 6	3 7	25 30	24 8	32 28	10 14
		22 26	26 23	4 11	13 9	2 7
		7 10	30 25	1 6	10 14	3 10
			23 19	30 26	9 6	
			25 22	6 9	14 17	
			18 14	26 22	6 2	
			22 18		17 22	
			14 9			
			18 14			
			9 6			
			14 10			
			6 2			
			11 15			
			2 7			
			15 24			
			7 14			
			24 28			
			14 18			
			28 32			
			18 15			
			32 28			
			15 19			
			28 32			
			3 7			
			32 27			
			7 10			
			27 32			
			10 15			
			32 28			
			20 16			
			28 32			
B. wins.	Drawn.	B. wins.	W. wins.	W. wins.	W. wins.	W. wins.
43—F	43—C	43—D	43-game	45—I	45—C	39—F

SOUTER.

56	57	58	59	60	(61)	62
24 20	27 23	24 19	31 15	31 26	11 15	24 15
11 15	18 27	18 23	11 18	16 20	32 28	10 26
27 24	32 23	27 18	30 26	26 22	15 24	22 15
8 11	11 15	14 23	8 11	12 16	28 19	9 18
24 19	23 19	21 14	24 20	22 15	7 11	31 22
15 24	15 18	9 18	3 7	14 18	22 15	12 16
23 19	26 22	75 19 15	28 24	23 14	11 18	27 24
18 22	17 26	11 16	7 10	9 18	30 26	16 19
25 18	31 15	26 19	26 23	24 19	5 9	24 20
14 23	14 17	16 23	18 22	16 23	26 23	19 23
21 14	21 14	31 26	25 18	15 10	3 7	20 16
9 18	9 14	3 7	10 15	6 15	19 16	23 26
19 15	74 15 10	26 19		25 22	12 26	32 27
3 8	6 15	7 11		18 25	31 15	26 30
26 19	19 10	30 26		27 4	10 19	25 21
18 22	18 23	18 23		25 30	17 3	18 25
30 26	25 22	26 22			19 24	
11 18	23 27	11 18				
26 17	22 18	22 15				
18 22	27 31	23 26				
	24 20	28 24				
	31 27	26 30				
	30 26	25 21				
		6 10				
		15 6				
		1 10				
		32 28				
		8 11				
					Payne game 29	
B. wins.	B. wins.	B. wins.	B. wins.	B. wins.	W. wins.	B. wins.
40—D	40—E	40—F	40—C	40—B	40-game	41—A

SOUTER.

63	64	65	66	67	68	69
22 15	10 14	7 10	12 16	3 7	8 11	7 11
9 18	32 28	22 17	13 6	13 6	31 26	31 27
24 20	11 15	10 19	1 17	1 17	14 18	15 18
5 9	28 24	27 23	25 22	25 22	23 14	22 15
25 21	8 11		18 25		9 18	11 18
18 22	30 26		30 14		17 14	20 16
27 24						
19 23						
24 19						
23 26						
20 16						
B. wins.	W.wins.	W.wins.	W.wins.	W.wins.	W.wins.	W.wins.
41—C	42—M	42—K	42—N	42—O	42—C	42—D

SOUTER.

70	71	72	73	74	75
6 10	31 27	20 16	23 27	25 22	26 22
3 7	3 7	11 27	16 11	18 25	3 7
10 14	27 23	18 2	27 32	30 21	22 15
31 26	1 5	1 5	11 4	3 7	11 18
30 16	18 14		32 27	21 17	28 24
20 4	10 26		24 20	5 9	7 10
18 23			27 24	24 20	31 27
7 10			15 11	7 11	5 9
14 18			24 8	28 24	24 20
10 14			4 11	11 18	8 11
			14 18	17 14	25 21
			30 26	8 11	11 15
				14 5	27 24
				18 23	10 14

W.wins.	B. wins.	B. wins.	W.wins.	B. wins.	B. wins.
42—B	43—H	43—K	45—K	40—G	40—H

JANVIER'S STURGES.
Corrections of Souter.

1—A	1	3—A	1	6—A	9—A	14—A
*26 23	8 11	*26 23	22 25	*26 22	*20 16	*22 25
1 7 11	30 25	18 22	17 14	18 23	10 14	24 19
30 25	4 8	25 18	10 17	31 27	19 10	25 29
9 14	25 21	15 22	21 14	14 18	12 28	19 15
23 18	9 14	23 18	11 16	22 15	22 15	29 25
14 23	23 18	1 11 16	30 21	11 18	7 11	15 11
27 18	14 23	19 15	16 23	17 14	26 22	25 22
1 5	27 18	10 19	24 19	10 17	11 18	11 7
25 21	1 5	24 15	8 11	21 14	22 15	14 18
5 9	31 27	22 25	19 15	3 7	14 18	7 2
31 27	5 9	17 14	12 16	19 15	25 22	18 23
	21 17	25 29	15 8	6 10	18 25	2 6
		21 17	3 12	15 6	30 21	23 27
		16 20	28 24	1 17	9 14	6 9
		31 26	7 11	13 6	27 24	27 32
		12 16	21 17	7 11	8 11	9 13
		27 23	23 26	6 2	15 8	32 27
		16 19	31 22	17 22	6 15	21 17
		23 16	11 15	25 21	8 4	27 23
		8 11	18 11	22 26	1 6	17 14
		15 8	9 25	2 6	24 20	23 18
		3 19	11 7	26 31	15 18	13 9
		32 27	25 30	6 10	20 16	18 15
		7 11	7 3		18 22	
		27 23	30 25		16 12	
		11 16	3 7		22 25	
		26 22	16 20		4 8	
		19 26	24 19		25 30	
		30 23	25 22		8 11	
		29 25	32 28		30 26	
		28 24	22 26		11 15	
		20 27	28 24		26 22	
		14 10	26 22		32 27	
		6 15	7 11		22 26	
		13 6	22 25		27 24	
		1 10	11 7		28 32	
		18 11	5 9		24 20	
		25 18	27 23		26 31	
		23 7	20 27		20 16	
			17 14		32 27	
					16 11	
					27 24	
					12 8	
					3 12	
					11 7	
W.wins.	W.wins.	Drawn.	Drawn.	W.wins.	Drawn.	B. wins.
Hay.	Hay.	McIndoe.	Wyllie.	Drum'd.	Janvier.	Drum'd.

JANVIER'S STURGES.
Corrections of Souter.

40—A	40—B	41—A	41—B	48—A	49—A	
*13 9	*3 7	*26 17	*13 6	*9 14	30 26	
6 13	21 17	9 18	1 10	24 19	28 24	
19 16	14 21	24 19	21 7	14 18	11 7	
12 19	23 14	1 6	3 10	21 17	10 14	
24 6	10 26	17 14	25 21	3 7	7 11	
1 10	19 3	6 10	5 9	20 16	3 8	
5 1	11 15	14 7	21 17	18 23	11 4	
10 15	30 23	3 10	9 13	15 11	24 19	
1 6	21 30	31 27	32 28	7 10	31 27	
3 7		11 15	13 22	11 7	19 16	
20 16		27 24	26 17	10 14	4 8	
8 12		8 11	18 23		16 11	
25 22		20 16	17 13		8 3	
12 19			23 27		12 16	
6 2			13 9		26 23	
18 25			27 32			
2 18			9 5			
19 23			32 27			
27 24			30 26			
23 27			15 18			
18 22			5 1			
			10 14			
			1 6			
			14 17			
			6 9			
			18 22			
			9 14			
W.wins.	Drawn.	Drawn.	W.wins.	B. wins.	Drawn.	
Drum'd.	Janvier.	Drum'd.	A. D. P.	Drum'd.	Hay.	

JANVIER'S STURGES. 71
Will o' the Wisp.

Game.	1	2	3	4	5	6
	11 15	21 17	6 9	8 11	1 5	7 10	31 26
	23 19	5 9	22 18	23 18	29 25	30 26	4 8
	9 13	25 21	15 22	14) 11 16	13 17	18) 4 8	19 15
1	26 23	9 14	25 18	15) 18 11	21 14	19) 24 20	10 19
		27 23	8 11	16 23	10 17	10 15	24 15
2)	5 9	8 11	29 25	27 18	31 26	19 10	12 16
3)	22 18	24 20	9 14	7 16	9 13	6 15	28 24
	15 22	15 24	18 9	16 24 20	25 22	27 24	16 20
	25 18	28 19	5 14	16 19	8 11	2 7	24 19
4	10 14	4 8	23 18	30 26	24 20	24 19	2 6
	29 25	30 25	14 23	12 16	4 8	15 24	19 16
	8 11	11 15	27 18	20 11	27 24	28 19	8 12
	25 22	32 28	8 10 15	2 7	6 9	7 10	15 8
5	6 10	15 24	19 10	11 2	32 27	22 17	12 19
6	24 20	28 19	7 23	4 8	17 21	13 22	23 16
	2 6	8 11	31 27	2 9	19 16	26 17	
	30 26	22 18	9 12 16	5 30	12 19	9 13	
7	10 15	13 22	27 18	17 22 17	23 16	18 9	
	19 10	26 17	4 8	13 22	2 6	13 22	
	6 15	1 5	24 20	25 18	16 12	21 17	
	21 17	18 9	26 19	8 11	6 10	11 15	
	14 21	5 14	30 26	18 14	27 23	32 28	
	20 16		3 7	10 17	9 14	15 24	
	12 19		32 27	21 14	18 9	28 19	
	23 16		8 12	1 6	5 14	8 11	
	11 20		10 27 23	32 27	22 18	23 18	
	18 2		2 6	6 10	14 17	22 25	
	21 25		23 16	14 7	18 14	9 6	
	22 18		12 19	3 10	17 22	25 29	
			26 22	27 24	26 17	6 2	
			11 19 23	10 15	13 22	29 25	
			12 28 24	24 20	14 9		
			6 10	19 23	22 26		
			24 19	31 26	9 6		
			23 27	23 27	26 31		
			19 16	26 23	6 2		
			27 31	27 32	A 31 26		
			16 12	23 19	23 19		
			13 31 26	15 24	26 23		
			12 8	28 19	2 6		
			26 17	32 27			
			21 14	19 16			
			10 17	11 15			
			25 21	16 12			
			17 22	27 24			
			8 3	12 8			
			7 10	24 19			
			3 7	8 4			
			10 14	15 18			
Drawn.	B. wins.	Drawn.	Drawn.	W. wins.	Drawn.	B. wins.
48—E	48—A	50—C	49—D	48—B	48—C	48—F

JANVIER'S STURGES.
Will o' the Wisp.

7	8	9	10	11	12	13
4 8	11 16	23 26	27 24	7 10	18 15	31 27
27 24	18 15	30 23	19 23	18 15	11 18	21 17
10 15	16 23	12 16	26 19	11 18	22 15	27 23
19 10	15 6	21 23 18	11 16	22 15	6 10	18 14
6 15	1 10	4 8	20 11	6 9	15 6	23 26
21 17	31 26	27 23	7 23	15 6	1 10	12 8
14 21	10 14	16 20		1 10	20 16	26 30
	26 19	32 27		20 16	23 26	25 21
	14 18	8 12		9 14	16 12	30 25
	32 27	24 19		16 11	26 31	22 18
	7 11	11 16			12 8	13 22
	19 15	25 22			31 27	8 3
	11 16	2 7			8 3	10 17
	20 15 10	22 28 24				21 14
	4 8	7 11				
	30 26	18 14				
	18 23	3 7				
	27 18	23 22 18				
	16 20	13 17				
	24 19	14 10				
	20 24	7 14				
	26 22	18 9				
	24 27	17 22				
	28 24	19 15				
	27 31	11 18				
	24 20	23 14				
	31 27	22 25				
	18 15	14 10				
	27 24	1 5				
	20 16	9 6				
	24 27	5 9				
	16 11	6 2				
	27 23	9 14				
	11 4	2 6				
	23 16	14 18				
	4 8	6 9				
	16 11	18 22				
	8 4	9 14				
		25 30				
			Payne, game 36.			
Drawn.	Drawn.	Drawn.	Drawn.	Drawn.	Drawn.	Drawn.
48—G	50—E	50—N	50—game	50—A	50—C	50—D

JANVIER'S STURGES.
Will o' the Wisp.

14	15	16	17	18	19	20
5 9	4 8	18 15	32 27	10 15	3 8	30 26
27 23	27 23	10 19	8 11	19 10	24 20	16 19
10 14	6 9	24 15	27 24	6 15	11 15	15 11
19 10	30 26	16 19	19 23	24 19	18 11	19 23
6 15	9 14	30 26	24 19	15 24	8 24	26 19
30 26	18 9	12 16	3 8	28 19	28 19	3 7
7 10	5 14	32 27	28 24	2 6	4 8	19 15
32 27	32 27	3 7	23 27	27 24	32 28	7 16
1 5	24 14 17	15 11	24 20	11 16	8 11	15 11
24 19	21 14	27 6 10	1 5	32 27	19 16	2 6
15 24	10 17	28 11 8	31 24		12 19	11 7
28 19	19 10	4 11	8 12		23 7	6 10
11 16	7 14	27 24	22 18		2 11	7 2
22 17	25 21	11 15	10 14		27 23	
13 22	11 15	22 17	18 9			
26 17	24 19	13 22	5 14			
4 8	15 24	25 11	19 15			
17 13	28 19	16 20	11 18			
3 7	8 11	24 6	24 19			
13 6	22 18	7 16	30 26			
2 9	1 5	29 25	19 15			
25 22	18 9	1 10	18 23			
8 11	5 14	21 17	15 10			
29 25	29 25	5 9	23 27			
9 13	11 16	17 13	10 6			
18 9	(25) 19 15	2 6	27 31			
5 14	2 6	25 22	6 1			
22 18	15 11	9 14	31 27			
14 17	16 19	26 23	1 6			
21 14	23 16	10 15	26 23			
10 17	12 19	31 26	25 22			
19 15	27 23	15 19	23 19			
16 19	19 24	22 18	6 10			
23 16	25 22	14 47	27 23			
11 20	24 28	18 14	10 17			
25 22	22 18	20 24	23 26			
17 26	6 9	23 18	22 18			
31 22	18 15	24 27	13 22			
12 16	28 32	18 15	21 17			
27 23	23 19	27 31	26 23			
20 24	32 28		18 14			
18 14	11 7		19 15			
24 27	3 10		14 9			
	15 6		23 19			
	28 24		9 5			
	19 16		15 10			
	26 24 19		5 1			
	6 2		19 15			
	19 12		17 13			
Drawn.	W.wins.	Drawn.	B. wins.	Drawn.	W.wins.	Drawn.
49—C	49-game	49—F	49—H	48—D	48—Var.	50—F

JANVIER'S STURGES.
Will o' the Wisp.

21	22	23	24	(25)	26	27
24 20	21 17	14 9	1 5	25 22	24 20	7 10
4 8	1 6	29) 7 10	19 16	14 18	16 11	11 8
28 24		30 ⟩ 21 17	12 19	22 15	20 24	4 11
8 12		31) 1 5	23 16	3 7	6 2	27 24
24 19		9 6	11 20	21 14	24 19	11 15
3 7		5 9	22 17	7 10	2 7	22 17
25 22		6 2	13 22	15 6		13 22
7 10		11 15	25 4	2 18		25 11
27 24		2 7	5 9	23 14		10 15
1 5		9 14	29 25	16 30		24 20
B-32 28		7 11	9 13	14 10		
A-10 14		14 21	25 22	30 25		
22 18		11 18	14 17	10 6		
13 17		21 25	21 14	25 22		
18 9		18 15	10 17	6 2		
5 14		10 14	26 23			
23 18		22 18	17 26			
16 23		14 17	31 22			
18 9		18 14	7 11			
17 22		25 30	24 19			
21 17		14 10	2 7			
23 26		30 26				
17 14		10 7				
26 31		17 22				
14 10		7 2				
31 27		13 17				
10 7						
27 23						
7 3						
23 18						
9 5						
11 15						
24 19						
15 24						
28 19						
22 26						
3 8						
26 31						
8 11						
31 27						
19 15						
27 23						
15 10						
23 19						
5 1						
19 24						
10 7						
18 23				*Payne,*		
7 3				*Game.*		
Drawn.	B. wins.	B. wins.	W. wins.	Drawn.	W. wins.	W. wins.
50—G	50—H	50—H	48—game	49—B	49—A	49—E

Will o' the Wisp.

28	29	30	31			
27 23	9 6	9 5	22 18			
10 15	10 14	11 15	1 5			
23 18	6 2	21 17	18 14			
1 6	13 17	1 6	10 17			
21 17	22 13	17 14	21 14			
4 8	14 18	10 26	13 17			
11 4	23 14	19 1	9 6			
6 10	16 32	26 31	17 22			
	24 19	23 18	6 2			
	32 27	31 26	22 26			
Drawn.	B. wins.	B. wins.	B. wins.			
49—G	50—I	50—K	50—L			

JANVIER'S STURGES.
Corrections of the Will o' the Wisp.

	21—A	21—B
*10 15	* 2 6	*22 18
1 6	22 18	10 14
31 27	6 9	18 9
23 19	18 15	5 14
15 18	11 27	19 15
6 2	20 11	
27 23	10 14	
19 15		
23 27		
24 19		
27 23		
19 16		
23 27		
2 6		
18 23		
6 2		
11 18		
2 4		
18 22		
4 8		
23 26		
30 23		
27 18		
8 11		
22 26		
28 24		
26 31		
24 19		
31 27		
19 15		
27 23		
15 10		
18 14		
Drawn.	B. wins.	Drawn.
Bowen.	Janvier.	Janvier.

Old Fourteenth.

Game	1	2	3	4	5	6
	11 15	22 17	25 22	9 14	10 14	27 24	26 22
1	23 19	8 11	18 9 13	20 25 22	26 23	8 11	15 24
	8 11	x 17 13	19 17 14	14 18	26 6 10	29 25 22	28 19
	22 17	4 8	10 17	29 25	13 6	18 25	9 14
	4 8	23 19	19 10	21 11 16	2 9	29 22	22 15
2	17 13	same as	x 7 14	22/23 } 21 17	27 19 16	9 14	7 11
3	15 18	game at 6	same as	16 23	12 26	22 17	30 26
	24 20		Bl'k Doc-	26 19	31 6	11 16	11 18
4	11 15	x	tor, Game	B 7 11	1 10	20 11	26 22
5 6	28 24	23 19	at 11	31 26	25 22	7 23	2 7
	8 11	4 8		5 9	28 10 15	26 19	22 15
	26 23	xx 17 13		17 14	22 17	2 7	7 11
7 8	9 14	same as	x	10 17	15 18	31 26	31 26
9)	31 26	game at 6		19 10	17 10	7 11	11 18
10 }	6 9		6 15	6 15	7 14	26 23	26 22
11		13 6	xx	21 14	13 6	30 26	15 18	3 7
12)	2 9	25 22	same as	2 9	8 12	24 20	22 15
	26 22	same as	tor, Var. 2	22 6	26 22	18 27	7 11
13	1 6	2 at 2	at 4	1 10	18 25	32 23	25 22
14 }	32 28			(24) 25 21	29 22	11 15	11 25
15)				10 14	9 13	30 26	29 22
16	3 8			A 26 23	22 18	15 24	8 11
	30 26			12 16	14 23	28 19	27 23
	9 13			(25) 21 17	27 18	3 8	11 15
	19 16			14 21	3 7	20 16	32 28
	12 19			23 14	28 24	5 9	15 24
	23 16			16 19	7 10	26 22	28 19
17	13 17			14 10	24 19	10 15	10 15
	22 13			19 23	10 14	17 10	19 10
	8 12			27 18	18 9	15 24	6 15
	25 22			15 22	5 14	23 19	
	12 19			10 6	32 27	6 15	
	22 17			22 25	13 17	19 10	
	5 9			6 2	27 23		
	26 22			25 29	17 22		
	18 25			2 6	21 17		
	29 22			29 25	14 21		
	14 18			6 10	23 18		
	27 23			25 22	11 16		
	19 26			24 20	20 11		
	17 14			22 17	22 26		
	18 25			28 24			
	14 5			17 13			
	15 18			24 19			
	21 17			11 15			
	11 15			19 16			
	5 1			15 19			
				16 12			
				8 11			

| Drawn. | Drawn. | Drawn. | Drawn. | Drawn. | Drawn. | Drawn. |
| 23—F | | 26—B | 20—H | 21—Var. | 21—F | |

JANVIER'S STURGES.
Old Fourteenth.

7	8	9	10	11	12	13
3 8	18 22	11 16	18 22	14 17	5 9	9 13
23 14	25 18	20 11	25 9	21 14	21 17	*20 16
9 18	15 22	7 16	5 14	10 17	14 21	11 20
30 26	30 26	21 17	29 25	23 14	23 5	22 17
30 5 9	11 15	14 21	35 11 16	6 10	15 18	13 22
26 22	26 17	23 7	20 11	25 22	26 23	21 17
9 14	15 18	2 11	7 16	17 21	18 22	14 21
22 17	23 14	19 10	26 22	22 17	25 18	23 14
6 9	9 18	6 15		15 18	10 15	10 17
13 6	31 29 25	34 25 22		26 22	19 10	25 2
2 9	32 18 23	16 19		18 25	6 22	36 17 22
17 13	27 18	32 28		29 22	23 18	19 15
1 6	10 15	5 9		11 15	7 10	21 25
27 23	18 11	13 6		B 13 9	32 28	30 21
18 27	7 23	1 10		7 11	A 10 15	22 26
32 23	24 19	29 25		14 7	27 23	15 10
15 18	6 10	10 14		3 10	22 26	26 31
31 27	33 25 22	24 20		9 6	18 14	29 25
11 15	23 26			2 9	15 18	12 16
B 25 22	22 18			17 13	23 19	25 22
18 25	26 30			9 14	26 31	16 19
29 22	18 15			22 17	14 9	24 15
A 7 11	30 25			1 6		31 24
22 17	15 6			32 28		15 11
	1 10			5 9		24 19
	32 27			27 23		11 7
	25 22			15 18		19 15
	27 23			19 15		2 6
	2 7			A 18 27		15 11
	31 27			15 8		7 2
	7 11			14 18		20 24
	27 24			8 3		22 18
	22 26					11 16
	23 18					21 17
	26 22					
	18 14					
	3 7					
	19 15					
Drawn.	Drawn.	Drawn.	W.wins.	W.wins.	W.wins.	W.wins.
21—C	22—D	22-Var. 2	23—K	22-game	22-Var. 1	23-A

JANVIER'S STURGES. 79
Old Fourteenth.

14	15	16	17	18	19	20
22 17	30 26	9 13	8 12	15 18	27 23 51⎫	27 23
37 18 22	9 13	39 21 17	24 19	22 15	6 9 52⎭	6 9
25 18	32 28	14 21	15 31	11 18	23 18	13 6
15 22	6 9	23 14	22 8	17 13	9 14	2 9
23 18		10 26	12 19	9 14	18 9	25 22
14 23		19 1	8 3	29 25 40⎫	5 14	53 14 18
27 18		13 17		14 17 41⎭	26 23	23 14
9 13		30 23		21 14	45 2 6	9 25
17 14		21 30		10 17	46 24 20 47	29 22
10 17		1 6		42 24 20	15 24	10 14
21 14		3 8		17 21	28 19	19 10
6 10		6 2		26 23	48 6 9	14 18
30 25		7 10		6 10	30 26	22 15
10 17		23 19		23 14	49 11 15	11 18
25 21		10 14		10 17	32 28	24 19
22 26				27 23	15 24	7 14
21 14				8 11	28 19	19 15
26 30				43 28 24	8 11	1 6
19 15				7 10	19 16	28 24
30 26				31 26	12 19	3 7
15 8				44 3 7	23 16	24 20
26 22				25 22	50 11 15	5 9
32 28				1 6	16 11	31 27
22 15				22 18	7 16	7 10
24 19				10 14	20 11	21 17
15 24				18 9	A 15 19	14 21
28 19				5 14	11 7	26 23
38 13 17				32 28	19 24	10 26
8 4				14 18	7 2	30 5
17 22						6 9
4 8						5 1
22 26						9 13
19 15						1 6
26 30						8 11
						6 10
						21 25
						27 23
						25 30
						23 18
						30 25
						18 14
						25 22
						14 9
						22 17
						10 6
		Payne, game 14				
Drawn.	B. wins.	Drawn.	W. wins.	Drawn.	W.wins.	Drawn.
23—D	23—B	20-game	23—E	53—E	56—D	20—C

JANVIER'S STURGES.
Old Fourteenth.

21	22	23	(24)	(25)	26	27
5 9	24 20	26 23	26 23	24 20	11 15	31 26
26 23	16 23	8 11	(55) 18 22	8 12	19 10	59 11 15
9 14	26 19	23 14	25 18	A 30 26	6 15	28 24
30 26	15 24	16 23	15 22	3 7	13 6	1 6
14 17	28 19	27 18	23 18	21 17	58 1 10	26 22
23 14	7 11	10 26	($\frac{56}{57}$) 10 15	14 21	28 24	8 11
1 5	22 15	31 22	18 14	23 14	8 11	32 28
26 23	11 18	12 16	11 16	21 25	30 26	9 13
17 26	31 26	32 27	30 26	26 22	2 6	20 16
31 22	3 7	16 20	22 31	25 30	26 22	
10 26	26 23	30 26	24 20	22 17	3 8	
19 1	10 14	5 9	31 24	30 26	22 17	
26 30	54 32 28	. 21 17	28 10	17 13	5 9	
1 6	14 17	7 10	16 19	26 22	24 19	
2 9	21 14	25 21	10 6	14 9	15 24	
13 6	5 9	10 14	19 23	22 17	25 22	
11 15	14 5	17 10	6 2	9 6	18 25	
6 2	8 11	2 7	23 26	16 19	29 22	
7 11	23 14	26 23	2 6	27 24	24 28	
23 19	11 16	7 14	8 11	19 23	22 18	
15 18	20 11	22 17	6 10	6 2	12 16	
19 15	7 32	15 22	12 16	23 26		
	14 9	17 10	14 9	13 9		
	32 27	6 15	16 19	26 30		
	25 22		9 6	9 5		
	12 16		19 23	30 26		
	22 18		6 2	5 1		
				26 23		
				1 6		
				15 18		
				6 9		
				18 22		
				2 6		
				23 18		
				24 19		
				18 23		
				28 24		
				23 16		
				6 10		
				7 14		
				9 25		
				17 14		
				25 22		
				14 10		
				22 17		
				10 6		
				17 14		
			Payne,	6 1		
			game 16	14 10		
W.wins.	Drawn.	B. wins.	Drawn.	Drawn.	W.wins.	Drawn.
25—A	25—B	25—game	26—D	26—Var.	20—K	20-Var. 2

JANVIER'S STURGES. 81
Old Fourteenth.

28	29	30	31	32	33	34
9 13	26 22	6 9	27 23	7 11	20 16	24 20
22 18	9 14	13 6	18 27	17 14	3 8	16 19
14 23	31 27	2 9	32 23	10 17	17 14	c 27 23
27 18	6 9	26 22	60 7 11	21 14	10 17	B 3 7
5 9	13 6	9 14	29 25	6 9	21 14	23 16
30 26	2 9	27 23	61 5 9	13 6	2 6	12 19
10 14	27 23	18 27	25 22	1 17	31 27	25 22
26 23	18 27	32 23	11 15	25 21	23 26	7 10
7 10	32 23	5 9	20 16	17 22	25 21	22 17
29 25	14 18	31 27	9 14	19 15	26 31	19 24
10 15	23 14	1 5	16 11	3 8	27 23	29 25
25 22	10 26	22 17	12 16	15 10	31 27	1 6
	30 23	9 13	19 12	11 15	23 18	25 22
	7 10	25 22	15 18	21 17	27 23	5 9
	23 18	5 9	22 15	22 26	14 9	26 23
	15 22	29 25	10 28	31 22	23 14	24 27
	25 18	15 18	17 10	18 25	9 2	20 16
	3 8	22 6	6 15	17 13	14 10	11 20
		13 29	11 8	25 30	13 9	23 18
		6 1	28 32	10 6	5 14	27 31
		7 10	8 4	2 9	2 6	18 11
		1 5	32 28	13 6	10 7	9 14
		9 13	4 8	62 30 26	6 10	11 7
		5 9	2 7	6 2	8 11	14 18
		13 17	31 26	5 9	10 3	22 15
		9 18	28 24	2 6	11 20	10 19
		17 22	26 22	9 13	3 7	7 2
		18 25	24 27	6 10	14 18	6 10
		29 22	23 18	15 18		2 7
		23 18	15 19	10 14		10 15
		22 15	22 17	18 22		7 11
		27 23	27 23	32 28		15 18
		10 14	18 14			A 11 15
		19 10	B 23 18			18 23
		11 15	8 4			15 24
		10 7	18 9			20 27
		15 18	13 6			17 14
		21 17	1 10			31 26
		18 27	17 13			14 9
		17 10	7 11			26 22
		27 32	4 6			9 6
		24 19	10 15			27 31
		8 11	13 9			6 2
		10 6	19 24			22 18
		32 28	9 6			2 6
		7 3	24 28			18 15
		28 24	6 2			13 9
		3 8	26 32			23 26
		24 15	2 6			30 23
			32 28			
			21 17			
			28 32			
			17 14			
			32 28			
			A 14 10			
			28 24			
			6 2			
Drawn.	B. wins.	W.wins.	Drawn.	Drawn.	Drawn.	Drawn.
20—I	21—E	21—B	21-game	22—C	22—E	22—A

JANVIER'S STURGES
Old Fourteenth.

35	36	37	38	39	40	41
15 18	1 6	9 13	7 10	20 16	5 9	7 11
26 22	2 9	25 22	14 7	11 20	26 23	24 20
3 8	5 14	18 25	3 10		1 5	11 15
22 15	19 15	29 22	8 3		30 26	B 26 22
11 18	3 8	14 18	10 14		63 14 17	15 24
32 28	24 19	23 14	3 7		21 14	28 19
8 11		6 9	14 17		10 17	A 10 15
21 17		22 18	7 10		23 14	19 10
14 21		15 22	17 21		9 18	6 15
23 14		32 28	10 14		26 22	30 26
10 17		9 18	13 17		17 26	8 11
19 16		17 14	19 15		31 15	26 23
		10 17	17 22		64 7 10	12 16
		21 14	14 17		24 20	22 17
		13 17	22 26		65 3 7	67 2 6
		19 15	15 10		27 23	17 10
		17 21			5 9	18 22
		15 8			(66) 25 21	25 18
		22 25			9 14	15 22
		24 19			13 9	10 7
		25 29			6 13	3 10
		19 15			15 6	27 24
		29 25			2 9	
		15 10			19 15	
		25 22			7 11	
		10 6			15 10	
		22 17			11 15	
		6 2			28 24	
		17 10			13 17	
		2 11			10 6	
					9 13	
					6 2	
					17 22	
					2 6	
					22 26	
W.wins.	W.wins.	Drawn.	Drawn.	Drawn.	W.wins.	W.wins.
23—L	23—game	23—G	23—H	23—C	53—H	53—M

JANVIER'S STURGES.
Old Fourteenth.

42	43	44	45	46	47	48
26 22	31 26	11 15	1 5	30 25	22 18	10 15
17 26	B 1 6	25 22	30 25	6 9	15 22	19 10
31 15	A 28 24	70 3 7	5 9	31 27	31 26	6 15
7 11	68 7 10	20 16	32 27	1 5	22 31	17 10
30 26	32 28	7 11	2 6	23 18	30 25	7 14
11 18	11 15	16 7	22 18	14 23	13 22	31 27
26 22	25 22	2 11	71 15 22	27 18	25 2 77}	3 7
5 9	3 7	32 28	25 18	(72) 12 16	(76) 10 15 78}	23 18
22 15	20 16	1 6	13 22	19 12	19 10	14 23
9 14	7 11	24 20	24 20	10 14	7 14	27 18
24 20	16 7	15 24	12 16	17 10	32 27	15 19
14 17	2 11	28 19	19 12	7 23	31 26	30 26
27 24	69 23 18	11 15		24 19	23 19	19 24
2 7	6 9	A 19 16		15 24	11 16	29 25
25 21	13 6	12 19		28 19	19 15	1 6
17 22	5 9	23 16		23 26	16 20	A 21 17
20 16	22 13	*but con-*		73 19 15	24 19	7 10
22 26	15 31	*tinue*10*14		11 18	14 18	17 14
32 27	24 20	16 11		22 15	15 10	10 17
26 31	31 27	14 18		26 30	26 23	25 21
15 10	6 2	11 7		32 28	10 7	12 16
7 14	27 24	18 25		13 17	23 32	21 14
16 11	13 6	7 3		21 14		8 12
8 15	24 15	25 29		9 18		14 9
19 10	6 1	3 7		25 21		6 10
6 15	10 14	15 18		30 26		9 6
24 20	1 6	B. wins.		74 28 24		10 15
31 24	14 18	Janvier.		26 23		18 14
28 10				15 10		15 19
14 18				8 11		6 2
13 9				10 6		19 23
18 23				18 22		26 19
				75 21 17		16 23
				23 18		22 18
				6 1		24 27
				11 16		14 10
				24 20		27 31
				16 19		10 7
				1 6		31 26
				18 15		7 3
				17 14		26 22
				19 23		18 14
				6 1		11 15
				15 11		3 7
				1 6		
				23 26		
				6 1		
				26 30		
				1 6		
Drawn.	Drawn.	Drawn.	W.wins.	B. wins.	B. wins.	Drawn.
53–game	53–A	53–G	60–B	60–game	16–D	56–game and 61-Var.

84   JANVIER'S STURGES
Old Fourteenth.

49	50	51	52	53	54	(55)
1 5	1 6	5 9	15 18	9 13	30 26	3 7
32 27	26 23	32 27	32 27	32 27	14 17	23 14
11 15	11 15	1 5	11 15	1 6	21 14	10 17
20 16	22 18	26 22	B 26 22	22 17	5 9	25 21
15 24	15 22	14 18	7 11	13 22	14 5	
27 20	16 11	23 14	21 17	26 17	8 11	
12 19	7 16	9 18	14 21	14 18	23 14	
23 16	20 11	22 17	23 7	23 14	11 16	
79 8 12		11 16	3 10	6 9	20 11	
16 11		27 23	27 23	30 26	7 30	
7 16		18 27	5 9	9 18	25 21	
20 11		17 14	31 26	A 26 22	6 9	
		16 23	9 14	18 25	13 6	
		31 26	24 20	29 22	2 18	
		10 17	15 24	5 9	27 23	
		26 1	28 19	27 23	18 27	
		17 22	11 15	9 13	32 28	
		25 18	19 16	81 31 26		
			12 19	15 18		
			23 16	23 14		
			A 8 11	11 16		
			16 7	82 26 23		
			2 11	16 20		
			80 26 23	23 18		
			11 16	20 27		
			20 11	18 15		
			15 18	27 31		
			22 15	15 6		
			10 26			
			30 23			
W.wins.	W.wins.	Drawn.	Drawn.	Drawn.	B. wins.	W.wins.
56—E	56—C	20—B	20–Var. 1	20—F	25 Var.	26—C

JANVIER'S STURGES.
Old Fourteenth.

(56)	(57)	58	59	60	61	62
3 7	12 16	2 9	9 13	10 14	11 15	30 25
30 26	30 26	28 24	28 24	17 10	17 14	27 23
22 31	22 31	8 11	1 6	7 14	10 17	A 25 22
24 20	24 20	30 26	26 22	13 9	19 10	23 18
31 24	31 24	9 13	5 9	6 13	6 15	8 11
28 19	28 12	26 22	22 15	19 15	21 14	24 19
10 14	10 15	3 8	11 18	1 6	15 18	15 24
18 9	18 14	23 19	25 22	23 19	31 27	32 28
7 10	15 19	7 10	18 25	6 9	1 6	22 15
9 6	14 10	27 23	29 22	15 10	24 19	28 10
(83) 11 15	11 15	18 27	8 11	14 17	2 7	5 9
32 28	(84) 10 7	32 23	22 18	21 14	25 21	6 2
15 24	3 10	5 9	13 17	9 18	18 22	9 13
28 19	12 3	31 27	32 28	19 15	23 18	10 7
	15 18		17 22	18 22	22 26	11 15
	3 7			15 11	27 23	2 6
	10 15			13 17		15 18
	7 11			11 8		6 10
	19 23			17 21		18 22
	20 16			8 4		10 14
	23 26			21 25		22 25
	16 12			4 8		7 2
	26 31			25 30		25 29
	12 8			8 11		2 7
	31 26			30 26		29 25
	8 3			A 29 25		7 10
	26 22			22 29		25 21
	3 7			31 22		10 15
	15 19			29 25		13 17
	7 10			22 17		15 19
	19 23			25 22		17 22
	11 15			17 13		19 23
				22 18		
				10 6		
				continue		
				*18 23		
				6 1		
				5 9		
				1 6		
				9 14		
				6 10		
				14 17		
				11 7		
				23 27		
				24 19		
				27 24		
				19 15		
				W.wins.		
				Fisk.		

Old Fourteenth.

63	64	65	(66)	67	68	69
7 11	5 9	2 7	23 18	2 7	6 10	24 20
19 15	27 23	27 23	7 11	17 10	25 22	15 24
10 19	7 10	10 14	32 27	7 14	85 11 15	28 19
24 15	24 20	28 24	10 14	31 26	32 27	11 15
3 7	9 14	14 17	27 23	1 6	7 11	23 18
26 22	25 21	15 11	14 17	32 28	23 18	15 24
	3 7		25 21	5 9	5 9	18 14
	13 9		9 14	26 22	13 6	10 15
	6 13		18 9	3 7	2 9	14 10
	15 6		11 27	28 24	22 6	24 27
	2 9		21 14	7 10	15 31	10 1
	19 15		8 11		6 1	27 31
	7 11		9 5		10 14	1 6
	15 10		6 9		1 6	15 18
	11 15		13 6		14 17	
	28 24				6 10	
	8 11				17 22	
	10 6				10 14	
	15 18				22 25	
	24 19				14 18	
					25 29	
					19 15	
					3 8	
					15 10	
W.wins.	W.wins.	W.wins.	W.wins.	W.wins.	W.wins.	Drawn.
53—L	53—K	53-Var.	53—I	53—N	53—C	53—B

JANVIER'S STURGES.
Old Fourteenth.

70	71	(72)	73	74	75	(7
1 6	13 22	9 14	32 28	21 17	24 20	
20 16	24 20	18 9	26 31	26 23	23 18	
3 7	15 24	5 14	28 24	15 10	6 1	
23 18	28 19	24 20	31 27	8 11	5 9	
	12 16	15 24	24 20	10 6	1 5	
	19 12	28 19	3 7	18 22	18 14	32 23
		11 15	12 3	6 1	21 17	1 5
		22 18	27 24	23 18	14 21	2 6
		14 23	3 10	1 6	5 14	11 16
		19 16	24 6	18 15	22 26	6 15
		12 19	21 17	17 14	14 18	5 9
		32 28	6 10	11 16	26 31	21 17
			25 21	6 9	18 23	9 13
			10 6	16 19	11 15	17 14
			29 25	9 13		7 11
				19 23		14 10
				13 9		13 17
				23 26		10 7
				9 6		3 10
				26 30		15 6
				14 10		17 22
				5 9		6 10
						22 26
						10 14
						26 31
						29 25
						31 26
						14 17
						26 31
						25 21
						31 27
						17 14
						27 24
						19 15
						24 19
						15 10
						19 26
						18 15
						11 18
		Payne, game 41				
W.wins.	W.wins.	Drawn.	B. wins.	B. wins.	B. wins.	Drawn.
53—F	60—C	55—game.	60—A	60—D	60—E	16—C

JANVIER'S STURGES
Old Fourteenth.

77	78	79	80	81	82	(83)
1 6	15 18	8 11	22 17	23 18	19 15	10 14
22 17	22 15	26 23	15 19	10 14	10 19	6 2
13 22	11 18	11 15	25 22	18 9	24 15	14 18
30 26	29 25	16 11	1 5	15 18	7 11	2 6
22 31	1 6	7 16	26 23	22 15		
32 28	30 26	20 11	19 26	13 22		
31 24	3 7		30 23			
28 1	23 19		11 15			
11 15	13 17		20 16			
1 6	27 23		21 25			
8 11			16 11			
29 25			14 21			
12 16			22 17			
25 22			25 30			
15 19			11 7			
22 17			30 26			
			7 3			
			26 19			
W.wins.	W.wins.	W.wins.	B. wins.	Drwn.	Drawn.	W.wins.
56—A	56—B	56—F	20—A	20—D	20—E	26—F

JANVIER'S STURGES.
Old Fourteenth.

(84)	85						
20 16	2 6						
15 18	22 18						
10 7	5 9						
3 10	32 27						
12 3	10 14						
19 23	19 15						
3 7	3 8						
10 14	24 19						
7 10	7 10						
14 17	27 24						
10 15	12 16						
17 22	19 3						
	10 28						
	3 7						
	28 32						
	7 16						
	32 28						
Payne, game 36.							
Drawn.	W. wins.						

26-game 53—D

JANVIER'S STURGES.
Corrections of Old Fourteenth.

3—A	1	2	3—B	7—A	7—B	11—A
*24 20	3 7	18 22	*5 9	*15 18	*21 17	*10 26
12 16	21 17	28 24	17 14	22 15	14 30	17 1
1) 26 23	14 21	15 18	10 26	7 11	23 5	9 14
2) 8 12	23 14	24 19	30 5		15 18	30 23
28 24	16 19	22 26	15 18		5 1	18 27
3 7	14 9	19 12	31 26		7 11	
21 17	7 10	26 31	7 10		1 5	
14 21	27 23	27 24	26 22		10 14	
23 14	19 26	18 27	3 7		5 9	
16 19	30 23	32 23	22 15		6 10	
32 28	21 25	11 15	7 11		27 23	
19 23	9 6	23 19	24 20		18 27	
27 18	25 30	15 18	11 18		9 18	
15 22	6 2	19 15	27 24		27 32	
14 9	8 12	31 27	18 23		13 9	
22 25	2 6	15 10	25 22		10 14	
9 6	10 14	18 22	2 7		18 23	
25 29	6 10	24 19	20 16		32 28	
6 2		27 24	23 26		23 27	
29 25		19 16	22 18		30 26	
2 6		24 19	26 31		9 6	
25 22		10 6	18 15		14 18	
24 19		19 15	31 26		20 16	
22 25		6 2	32 27		11 20	
6 9		15 10	26 31		27 31	
25 22		2 7	13 9			
9 14		10 6	6 13			
22 25		16 11	15 6			
28 24			1 10			
25 29			5 1			
19 15			10 14			
11 18			1 6			
14 23			14 18			
29 25			6 2			
23 18			8 11			
25 29						
18 22						
7 10						
24 19						
10 14						
20 16						
W.wins.	W.wins.	W.wins.	Drawn.	B. wins.	Drawn.	Drawn.
Robertson.	*Wyllie.*	*Wyllie.*	*J. Bletcher.*	*Sinclair.*	*Sinclair.*	*C.A.Denny.*

JANVIER'S STURGES. 91

Corrections of Old Fourteenth

11—B	12—A	19—A	25—A	31—A	31—D	34—A
*27 23	*12 16	*1 6	*28 24	*14 9	*19 24	*11 16
3 8	27 23	11 7	same as	28 32	14 10	18 23
23 18	22 26	14 18	3—A	9 5	7 14	
8 11	24 19	17 14	at 5.	32 27	17 10	
13 9	26 31	18 25		5 1	23 18	
11 16	19 15	14 5		27 31	8 11	
18 11	31 26	25 30		1 5	24 27	
16 23	29 25	7 2		31 26	11 7	
24 19	26 19	30 23		5 9	18 22	
7 16	18 14	2 9		26 22	7 2	
20 11	10 17	3 8		9 14	27 31	
1 6	25 22	5 1		22 26	2 6	
14 7	17 26	23 19		6 9	31 26	
6 13	30 7	1 6		26 22	6 9	
7 3	2 11	19 16		9 13	26 23	
	28 24	29 25		22 26	9 14	
	21 25	16 11		13 17	22 17	
	24 19	25 22		26 31		
	25 30	15 18		17 22		
	19 16	6 15		31 27		
	11 15	18 25		22 26		
	16 11	15 19		27 31		
	30 26	8 12		26 30		
	11 8	9 14		31 27		
	26 23	11 16		14 17		
	8 4	19 23		27 23		
	23 19	16 20		17 22		
	20 16	14 18		23 27		
	15 18	12 16		22 26		
	13 9	23 27		27 31		
	18 23	16 19		26 23		
	4 8	18 15		31 26		
	23 27	19 24		23 27		
	16 11	15 19		26 22		
	19 16	24 28		27 31		
	11 7	27 23		22 18		
	3 10	25 30		30 26		
		31 27		18 14		
		30 25		26 23		
				14 17		
				31 27		
				17 14		
				27 24		
				14 9		
				23 19		
W.wins.	Drawn.	Drawn.	W.wins.	W.wins.	Drawn.	W.wins.
E.R.Jacques.	Isaac Clute.	Drum'd.	Janvier.	McIndoe.	McIndoe.	J. Tonar.

JANVIER'S STURGES.
Corrections of Old Fourteenth.

34—B	34—C	41—A	41—B	43—A	1	43—B
*12 16	*25 22	*2 7	*28 24	*32 27	27 31	*7 10
25 22	19 24	22 18	5 9	7 10	7 11	19 16
1 6	27 23	7 11	26 23	19 15	31 27	12 19
23 18	24 27	31 26	1 5	11 18	22 18	23 7
5 9	13 9	11 18	20 16	23 7	5 9	2 11
29 25	5 14	26 23	2 7	3 10	18 15	32 27
19 24	23 18	8 11	16 11	27 23	27 31	1 6
32 28	14 23	32 28	7 16	10 15	15 10	27 23
24 27	26 10	10 15	24 20	23 19	31 22	3 8
18 14	27 31	19 10	15 24	15 24	10 1	23 18
9 18	22 18	6 15	20 4	28 19	9 14	10 15
26 23	12 16	28 24		2 7	11 15	25 22
27 31	18 15	12 16		19 15	14 18	6 9
23 14	11 18	30 26		7 10	1 6	13 6
31 26	20 11	1 6		15 11	18 23	5 9
30 23	18 23	26 22		10 15	15 19	22 13
21 30	11 7	3 8		11 7	22 26	15 31
	31 26	22 17		15 19	6 10	6 2
	29 25	6 10		7 3	26 22	9 14
		13 9		19 24	19 26	
		8 12		3 7	22 31	
		5 9		24 27	10 14	
		17 13		25 22	17 22	
		18 22		1 5 9	30 26	
		25 18		7 11		
		15 22		27 32		
		6 2		11 15		
		22 26		9 14		
		13 6		15 19		
		26 31		32 27		
		6 1		20 16		
		10 15		27 24		
				19 28		
				12 19		
				28 32		
				19 24		
				30 25		
				21 30		
				32 28		
				30 23		
				28 26		
				17 21		
				26 23		
				6 10		
				22 18		
B. wins.	Drawn.	Drawn.	W.wins.	W.wins.	W.wins.	Drawn.
J. Touar.	*J. Donaldson.*	*Drum'd.*	*Drum'd.*	*McIndoe.*	*W. H. Avery.*	*Janvier.*

JANVIER'S STURGES.
Corrections of Old Fourteenth.

44—A	48—A	52—A	52—B	1	53—A	60—A
*23 18	*18 14	*8 12	*25 22	8 11	*17 14	11 15
same as	11 15	16 11	18 25	30 25	10 17	5 9
69 at 5	14 9	14 17	29 22	14 17	21 14	10 6
	6 10	11 8	1 7 11	21 14	7 10	9 14
	9 6	10 14	22 27	10 17	14 7	6 1
	10 14	8 4	5 9	19 10	3 10	14 18
	6 2	15 19	26 22	7 14	24 20	24 19
	7 11	20 16	1 5	25 21	15 24	3 7
	2 6	19 23	24 20	3 7	28 19	1 5
	24 27	26 19	15 24	23 19	10 14	26 23
	32 23	17 26	28 19	11 16	19 15	20 16
	15 18	30 23	11 15	27 23	5 9	22 25
	22 15	21 30	22 18	6 10	15 10	15 22
	11 27		15 24	19 15	9 13	25 30
	26 22		18 15	10 19	10 6	22 17
	27 31		10 26	24 15	14 17	7 11
	6 9		17 1	5 9	6 2	
	14 17		9 14	13 6	18 22	
	21 14		30 23	1 19	2 6	
	31 26		24 28	22 13	17 21	
	14 10		1 6	19 24	26 17	
	26 17		2 9	28 19	13 22	
	25 21		13 6	14 18	6 10	
	17 22		28 32	23 14	21 25	
	9 14		23 19	16 30	27 23	
	8 11		32 16	14 9	25 30	
	10 7		20 4	7 10	23 18	
	22 26		12 16	21 17		
	14 18		6 2	30 25		
	26 30		5 9	9 6		
	7 3		2 6	2 9		
			9 13	13 6		
			6 9	10 15		
			14 18	17 14		
			9 14			
			18 22			
			14 18			
			22 25			
			31 27			
			25 30			
			18 22			
			16 19			
			27 23			
			19 26			
			22 31			
			30 25			
			31 27			
			25 22			
			27 23			
Drawn.	W.wins.	B. wins.	Drawn.	Drawn.	W.wins.	Drawn.
Janvier.	*Drummond.*	*Wyllie.*	*Fife News.*	*Fife News.*	*G. Price.*	*Janvier.*

94   JANVIER'S STURGES.
PIONEER.

Trunk.	1	2	3	4	5	6
11 15	4 8	11 16	29 25	23 19	12 16	4 8
22 17	29 25	23 18	15 18	A 5 9	17 14	23 19
8 11	15 19	7) 15 19	23 14	27 23	10 17	same as
1) 25 22	23 16	8) 24 15	11 15	9 14	21 14	Old 14th
2) 9 13	12 19	10 19	24 19	same as	16 19	19 at 4
3)	24 15	9 17 13	15 24	Will o' the	24 20	
4) 23 18	10 19	9 14	28 19	Wisp. var.	6 10	
	same as	18 9	4 8	1 at 6	29 25	
5 6 9	Dyke,	5 14	26 23	A	10 17	
27 23	3 at 3	22 17	8 11	4 8	25 21	
6 9 14		7 10	23 18	27 23	1 6	
18 9		27 24	6 9	Drawn.	21 14	
5 14		19 23	27 24	same as	A 6 10	
30 25		26 19	1 6	Old 14th	10 27 23	
1 6		16 23	32 28	19 at 2	10 17	
24 19		31 26	11 15		23 16	
15 24		14 18	18 11		2 6	
28 19		26 19	9 18		32 27	
11 15		18 22	22 15		17 21	
32 28		17 14	13 29		27 23	
15 24		10 17	11 8		6 9	
28 19		21 14	29 25		28 24	
7 11		3 7	31 26		4 8	
22 18		14 9	5 9		16 12	
13 22		4 8			9 14	
18 9		9 5			18 9	
6 13		8 11			5 14	
25 18		32 27				
3 8		6 10				
18 14		27 23				
10 17		11 15				
21 14		13 9				
11 16		7 11				
14 9		24 20				
2 7		15 24				
9 6		28 19				
7 10		11 15				
		30 25				
		15 24				
		25 18				
		1 6				
		5 1				
		6 13				
Payne,		Payne,	Payne,			
game 10		game	game 37			
Drawn.	Drawn.	Drawn.	B. wins.	B. wins.	W. wins.	Drawn.
16–game.		18–game.	51–game.		16—B	

JANVIER'S STURGES.
PIONEER.

7	8	9	(10)	11	12
3 8	7 11	18 15	30 25	11 15	29 25
18 11	17 14	4 8	10 17	32 28	12 16
8 15	10 17	27 24	25 21	15 24	17 14
24 19	21 14	16 20	19 23	28 19	8 12
15 24	16 20	32 27	26 10	14 18	26 23
27 11	29 25	7 10	17 26	17 14	19 26
7 16	9 13	17 13	31 22	10 17	30 23
22 18	24 19	10 14	7 23	21 14	16 19
9 14	15 24	22 17	27 18	18 23	23 16
18 9	28 19	14 18	3 7	19 15	12 19
5 14	3 8	12 17 14	28 24	23 27	31 26
28 24	19 15	18 22	7 10	15 11	18 23
4 8	6 9	26 17	24 19	27 32	
24 19	14 10	9 18	4 8	11 8	
16 23	12 16	30 26	A 19 16	32 27	
26 19	A 26 23	18 22	10 14	8 4	
8 11	20 24	13 9	16 7	12 16	
31 26	27 20	6 13	2 11	4 8	
11 2 7	9 14	15 10	18 9	16 20	
26 23	18 9	A 12 16	5 14	8 11	
11 15	11 27	24 15	32 27	20 24	
32 28	32 23	2 6	8 12	14 10	
15 24	5 14	26 23	27 23	6 15	
28 19	20 11	8 12	11 15	11 18	
7 11	8 15	24 18		24 28	
30 26	31 26	16 19		26 23	
11 15	4 8	18 14		28 32	
19 16	10 7	6 9		29 25	
12 19	2 11	10 7		27 31	
	23 18	9 18		18 22	
	14 23	27 24		32 27	
	26 10	20 27		23 19	
		31 24			
		3 10			
		15 6			
		1 10			
		24 6			
		18 23			
		17 14			

Payne, game

Drawn.	Drawn.	Drawn.	B. wins.	Drawn.	B. wins.
17-game.	17-var.1.	18-var.	16—A	17-var.2.	18—A

Corrections of Pioneer.

5—A	8—A	9—A	10—A
*6 9	*10 7	*5 9	*21 17
27 24	9 14	24 15	5 9
3 8	18 9	9 14	19 16
32 27	11 18	26 23	8 12
8 12	22 15	12 16	16 7
30 25	2 18	28 24	2 11
12 16	9 6	2 6	32 27
25 21	1 10	24 19	12 16
2 6	27 24	8 12	27 24
22 17	20 27		
15 22	32 7		
24 8			
4 11			
26 23			
9 18			
23 14			
6 10			
27 23			
Drawn.	W wins.	B. wins.	Drawn.
Janvier.	J. Tonar.	J. Price.	Janvier.

JANVIER'S STURGES.

BUFFALO.

Game.	1	2	3	4	5
	11 15	17 13	11 16	3 8	6 9	6 9
A 23 19	11 16	24 20	26 23	17 13	27 24
8 11	24 20	16 23	5 9	1 6	2 7
22 17	16 23	27 11	17 13	22 18	19 15
9 14	27 11	7 16	11 16	2 7	10 26
1 25 22	7 16	20 11	24 20	29 25	17 3
2 3 4 8	20 11	3 7	15 24	11 16	9 14
17 13	3 7	28 24	28 19	32 27	3 7
B 15 18	31 27	7 16	1 5	14 17	26 31
22 15	7 16	24 19	20 11	21 14	24 19
11 18	same as	16 23	8 24	10 17	31 27
29 25	Glasgow,	26 19	27 20	25 22	7 10
same as	1 at 5	4 8	14 17	17 26	27 24
Old 14th		30 26		31 22	10 17
18 at 6		8 11		16 20	24 15
		26 23		22 17	17 14
A		4 11 15			1 5
22 17		32 28			21 17
8 11		15 24			
23 19		28 19			
9 14		5 9			
same as		29 25			
0		9 13			
		31 27			
B		5 1 5			
14 18		27 24			
29 25		6 9			
same as		24 20			
Old 14th		2 7			
3 at 4		20 16			
		14 18			
		23 14			
		9 18			
		22 6			
		13 29			
		6 2			
		7 10			
		16 11			
		10 14			
		2 6			
		29 25			
		Payne, game 37			
	Drawn.	Drawn.	Drawn.	W.wins.	Drawn.
		52–game	52–C	52–B	52–A

JANVIER'S STURGES.
Black Doctor.

Game.	1	2	3	4	5	6
	11 15	25 22	6 15	3 7	11 16	11 15	12 16
	23 19	9 5 9	21 14	B 27 23	22 18	31 27	28 24
	8 11	27 23	4 8	10 11 16	6 10	8 11	14 10 15
	22 17	9 14	25 22	31 27	18 9	24 20	23 18
	9 13	same as	15 19	11 8 11	6 14	15 19	14 23
1	17 14	Will o' the	24 15	22 18	B 24 20	23 16	26 12
	10 17	Wisp,	11 25	A 16 20	12 16 19	12 19	17 26
	19 10	1 at 6	30 21	18 9	23 16	27 23	30 23
2	7 14		8 11	5 14	12 19	3 8	5 9
	25 22		29 25	23 19	32 27	23 16	32 28
	4 8		11 15	11 16	A 1 6	8 12	1 5
	29 25		25 22	19 15	27 23	32 27	24 19
3	2 7		12 16	7 10	8 12	12 19	15 24
	27 23		27 23	25 22	23 16	27 23	28 19
4) 6 10			2 6	10 19	12 19	11 15	13 17
5) 24 20			32 27	24 15	31 27	23 16	21 14
6	11 15		16 20	14 18	13 14 18	15 19	9 27
	28 24		23 19	21 14	21 14	16 11	31 24
	8 11		15 24		10 17	7 16	
7	31 27		28 19		25 22		
	12 16		6 10		18 25		
	23 18		22 17				
	14 23		13 22				
	26 12		26 17				
	17 26		1 6				
	30 23		31 26				
8	5 9		20 24				
	25 22						
	1 5						
	21 17						
	9 14						
	20 16						
	14 21						
	23 18						
	11 20						
	Payne, game 48		Payne, game 50	Payne, game 50	Payne, game 47		
	Drawn.	B. wins.	Drawn.	Drawn.	Drawn.	Drawn.	Drawn.
	64-game		54-game	63-game	62-game	62-B	64-B

JANVIER'S STURGES.
Black Doctor.

7	8	9	10	11	12	13
32 28	13 17	6 9	6 10	6 10	8 11	10 15
15 5 9	21 14	27 23	24 20	22 18	28 24	25 22
24 19	10 17	9 14	1 6	8 11	10 15	A 6 10
15 24	32·28	24 20	B 28 24	18 9	23 19	27 23
28 19	17 22	15 24	A 6 9	5 14	16 23	19 24
16 1 5	25 18	28 19	24 19	24 20	26 10	28 19
19 16	15 22	11 15	2 6	11 15	11 15	15 24
12 19	12 8	B 32 28	32 28	20 11	30 26	20 16
23 16	3 12	15 24	14 18	7 16	7 16	10 15
10 15	23 19	28 19	22 15	25 22	26 23	16 12
31 27	7 10	17 ⎫ 4 8	11 27	16 19	15 18	7 10
A 15 18	19 16	A ⎭ 30 25	31 24	23 16	31 26	23 18
22 8	12 19	18 8 11	10 14	12 19	18 27	14 23
3 19	24 8	22 18	25 22	27 23	32 23	21 7
26 22	10 14	13 22	7 11	1 6	11 15	3 10
17 26		18 9	30 25	23 16	25 22	26 19
30 16		5 14	14 18	14 18		24 27
7 10		25 9	22 15	21 7		12 8
16 11		19 1 5	11 18	18 25		15 24
10 15		26 22		30 21		22 18
27 24		5 14		2 20		27 31
15 18		22 18				8 3
11 7		14 17				31 27
13 17		21 14				3 7
7 2		10 17				27 23
9 13		19 15				7 14
2 6						13 17
17 22						14 21
6 9						23 14
22 29						
24 19						
29 25						
19 15						
25 22						
15 10						
22 26						
20 16						
26 23						
16 12						
23 19						
10 7						
19 15						
7 2						
15 10						
12 8						
13 17						
8 3						
17 22						Payne,
2 7						game 49
Drawn.	Drawn.	Drawn.	Drawn.	Drawn.	W. wins.	Drawn.
64–E	64–A	56–I	63–B	63–A	62–C	62–A

JANVIER'S STURGES.
Black Doctor.

14	15	16	17	18	19	20
8 12	14 18	3 8	7 11	7 11	11 15	5 9
24 19	23 14	23 18	19 16	22 18	19 16	14 5
10 15	1 6	14 23	12 19	13 22	12 19	7 14
19 10	24 19	21 5	23 7	18 9	23 16	25 22
16 19	15 24	11 15	2 11	5 14	1 5	3 7
23 16	28 19	25 21	26 23	25 9	16 11	31 27
12 19	11 15	15 24 {21 22} 4 8		11 15	7 16	14 17
22 18	20 16	26 19	22 18	19 16	20 11	27 18
14 23	15 24	8 11	13 22	12 19	5 14	19 24
21 14	16 11	22 18	18 9	23 16	26 23	18 14
20 13 17		24 28	5 14	8 12	15 18	
25 21		30 26	30 25	16 11	29 25	
11 15		28 32	22 26	1 5	18 27	
20 16		21 17	31 22	9 6	31 24	
5 9		13 22	3 7	2 9	14 18	
14 5		26 17	22 18	11 7	21 17	
7 14		32 28	14 17	10 14	18 23	
16 11		17 14	21 14	7 2	24 19	
15 18		10 17	10 17	3 7	23 26	
31 27		19 15	25 21	2 18	25 21	
		28 24	17 22	14 30	26 31	
		15 8	23 19	21 17	17 14	
		24 19	22 26	9 13	10 17	
		18 14	21 17	17 14	21 14	
		19 15	1 6	13 17		
		8 3	18 14	14 10		
		7 11	6 10	17 22		
		3 8	14 9			
		17 22	8 12			
		14 10	9 6			
		15 6				
		8 15				
		22 25				
		31 27				
		25 30				
		27 24				
		30 26				
		24 19				
		26 30				
		19 16				
W.wins.	Drawn.	Drawn.	Drawn.	Drawn.	Drawn.	W.wins.
64–C	64–F	64–G	56–H	56–K	56–L	64–D

Black Doctor.

21	22
11 15	5 9
20 16	23 19
3 7	11 15
22 18	19 16
15 22	15 19
23 19	16 11
14 18	3 8
17 14	11 7
10 17	8 11
21 14	7 2
1 6	1 6
19 15	22 18
18 23	13 22
30 25	2 7
23 26	14 23
25 18	7 5
26 30	
Drawn.	Drawn.
56–var.	56–G

JANVIER'S STURGES.
Corrections of Black Doctor.

3-A	3-B	4-A	4-B	7--A	9-A	9-B
*5 9	*24 20	*8 12	*23 19	*15 19	*5 9	*30 25
a-24 20	11 15	27 23	16 23	27 23	19 16	15 24
6 10	28 24	10 15	26 19	19 24	12 19	22 18
25 22	7 11	23 16	8 11	16 12	23 16	13 22
10 15	24 19	12 19	24 20	24 28	4 8	18 9
27 24	15 24	26 22	11 15	23 18	26 23	5 14
7 10	22 18	17 26	30 26	14 23	8 11	25 9
24 19	14 23	30 16	15 24	21 14	30 26	
15 24	21 14	14 18	28 19	9 18	1 5	
28 19	2 7	31 26	14 18	22 8	31 27	
2 6	27 18	15 19	21 14	23 27	10 15	
32 28	24 28	16 11	10 17	8 4	17 10	
10 15	26 23	7 16	26 22	27 31	7 14	
19 10	13 17	20 11	17 26	26 22	16 7	
6 15	25 21	18 23	31 15	28 32	2 11	
28 24	6 9	28 24	13 17	4 8		
1 5	31 26	23 30	25 21	32 27		
23 19	1 6	24 15	17 22	20 16		
14 23	23 19	1 6	21 17	7 10		
19 10	17 22	25 22	22 26	8 11		
23 27	26 17	30 26	20 16	10 14		
21 •14	9 13	22 18				
9 25	19 15	3 7				
	13 22					
	21 17					
A	12 16					
25 22	17 13					
7 10	16 19					
24 19	13 9					
10 15	6 13					
19 10	15 10					
6 15	8 12					
28 24	10 3					
2 6	11 16					
24 20	20 11					
15 19	12 16					
18 15	3 7					
11 25	23 26					
20 11	30 23					
6 10	19 26					
23 16	7 10					
12 19	16 19					
27 23	10 15					
17 22	19 23					
	11 7					
	26 31					
	7 2					
	13 17					
	14 9					
B. wins.	Drawn.	B. wins.	Drawn.	B. wins.	B. wins.	Drawn.
W. Reid.	*Wyllie.*	*Bowen.*	*M gridge.*	*J. Touar.*	*Drummond.*	*Wyllie.*

JANVIER'S STURGES.
Corrections of Black Doctor.

10-A	10-B	13-A					
*14 18	32 27	*3 8					
21 14	10 15	20 16					
18 27	23 19	8 12					
32 23	15 24	27 23					
10 17	28 19	6 10					
23 18	6 10	30 25					
6 10	27 23	19 24					
24 19	11 15	28 19					
10 14	19 16	15 24					
18 9	12 19	22 18					
5 14	23 16	12 19					
19 15	8 11	18 9					
11 18	16 12	17 22					
22 15	11 16	25 18					
2 6	20 11	10 14					
	7 16						
	12 8						
	16 20						
	31 27						
	15 19						
	27 23						
	10 15						
	23 16						
	2 6						
	8 3						
	6 9						
	3 7						
	15 19						
	7 10						
B. wins.	Drawn.	B. wins.					

Drummond. Janvier. Swan & Adamson.

End-Game from the Black Doctor.
BY J. WYLLIE.
BLACK.

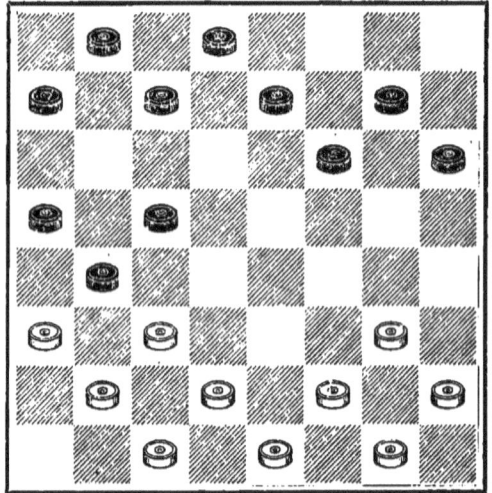

WHITE.
White to move and draw.

End-Game from the Black Doctor.
BY W. REID.
BLACK.

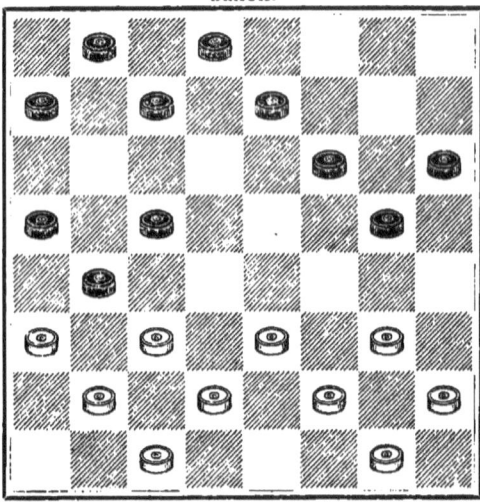

WHITE.
Black to move and win.

STURGES'S
COLLECTION OF CRITICAL POSITIONS,

TO BE WON OR DRAWN BY SCIENTIFIC PLAY.*

REARRANGED, EXTENDED AND CORRECTED

BY J. D. JANVIER.

No. 1.—*White to move and win.*

No. 3.—*White to move and draw.*

No. 2.—*White to move and draw.*

No. 4.—*Either to move, & White wins*

*NOTE.—Throughout these Critical Situations the White are supposed to have occupied the lower half of the Board; their men are, consequently, moving upwards.

No. 5.—*White to move and win.*

No. 9.—*White to move and draw.*

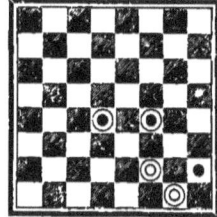

No. 6.—*White to move and win.*

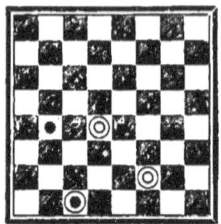

No. 10.—*Either to move, & Black win.*

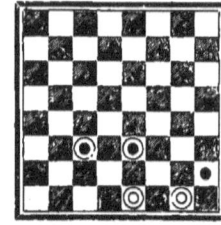

No. 7.—*White to move and win.*

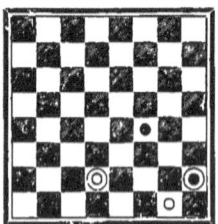

No. 11.—*White to move and draw.*

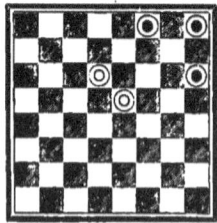

No. 8.—*White to move and win.*

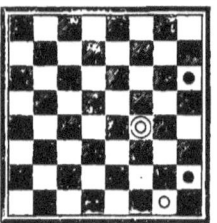

No. 12.—*White to move and win.*

CRITICAL POSITIONS.

No. 13.—*Black to move & White win.*

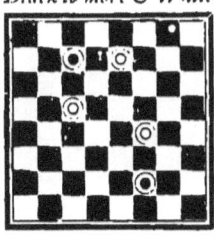

No. 17.—*White to move and win.*

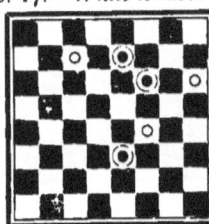

No. 14.—*White to move and win.*

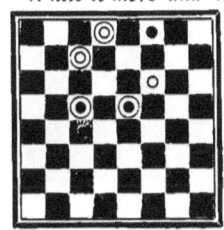

No. 18.—*White to move and win.*

No. 15.—*White to move and win.*

No. 19.—*White to move and win.*

No. 16.—*White to move and win.*

No. 20.—*White to move and win.*

No. 21.—*White to move and win*

No. 25.—*White to move and win.*

No. 22.—*White to move and win.*

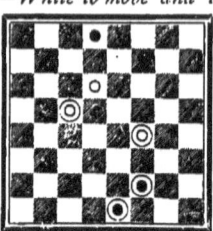

No. 26.—*White to move and win.*

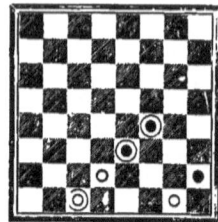

No. 23.—*White to move and win.*

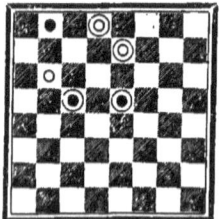

No. 27.—*White to move and win.*

No. 24.—*White to move and win.*

No. 28.—*White to move and win.*

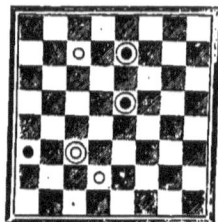

No. 29.—*White to move and win.*

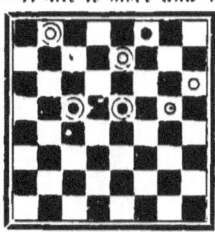

No. 33.—*B. to move and W. to draw.*

No. 30.—*White to move and win.*

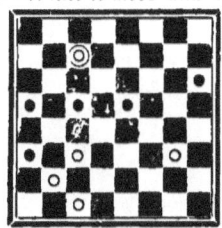

No. 34.—*White to move and win.*

No. 31.—*Black to move and win.*

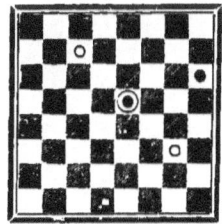

No. 35.—*Either to move & W. win;.*

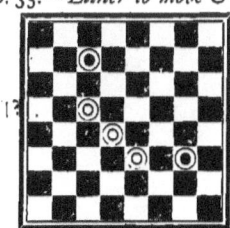

No. 32.—*B. to move and W. to win.*

No. 36.—*White to move and draw.*

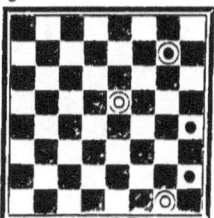

No. 37.—*White to move and win.*

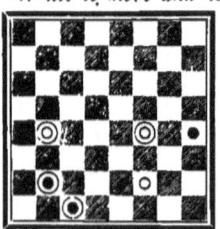

No. 41.—*White to move and win.*

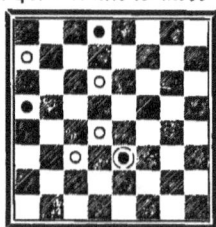

No. 38.—*White to move and win.*

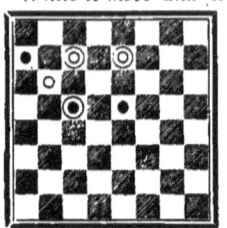

No. 42.—*White to move and win.*

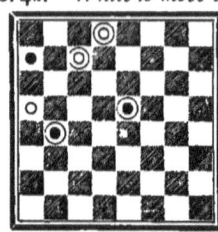

No. 39.—*White to move and win.*

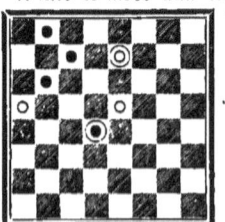

No. 43.—*Black to move & W. wins.*

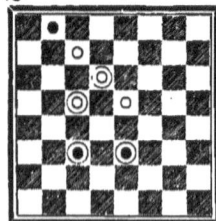

No. 40.—*White to move and win.*

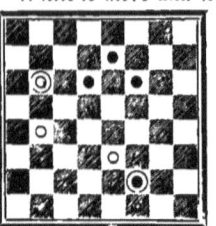

No. 44.—*White to move and win.*

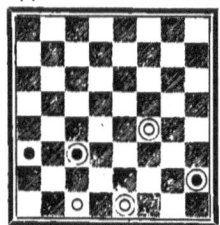

No. 45.—*White to move and win.*

No. 49.—*White to move and win.*

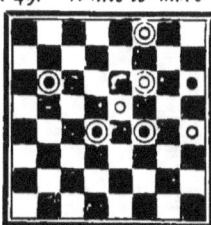

No. 46.—*White to move and win.*

No. 50.—*White to move and win.*

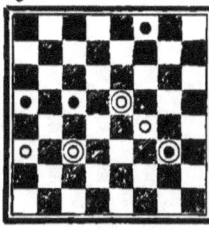

No. 47.—*White to move and win.*

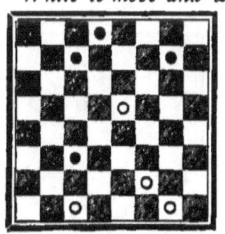

No. 51.—*White to move and win.*

No. 48.—*White to move and win.*

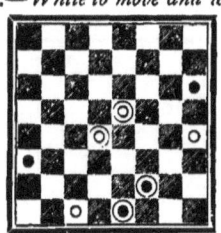

No. 52.—*White to move and win.*

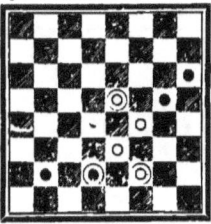

No. 53.—*Black to move and win.*

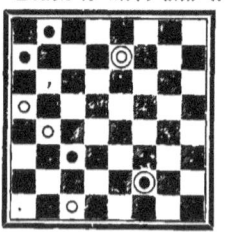

No. 57.—*White to move and win.*

No. 54.—*White to move and win.*

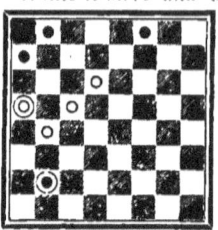

No. 58.—*White to move and win.*

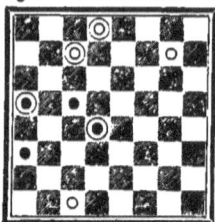

No. 55.—*White to move and win.*

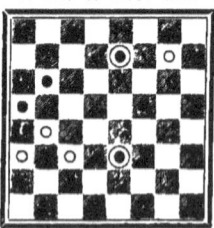

No. 59.—*White to move and win.*

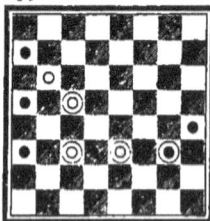

No. 56.—*White to move and win.*

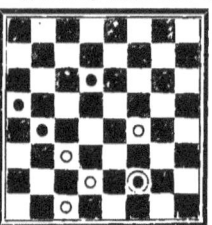

No. 60.—*White to move and win.*

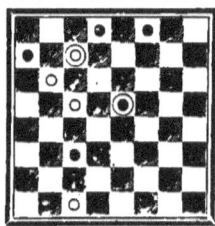

No. 61.— *White to move and win.*

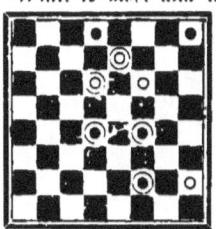

No. 65.— *White to move and win.*

No. 62.— *White to move and win.*

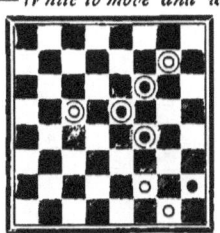

No. 66.— *White to move and win*

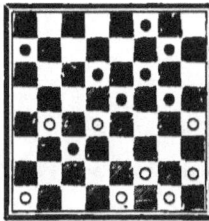

No. 63.— *White to move and win.*

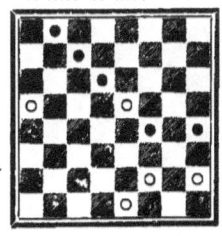

No. 67.— *White to move and win.*

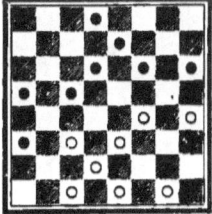

No. 64.— *White to move and win.*

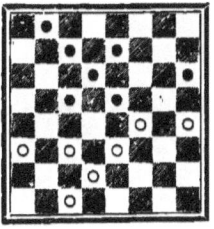

No. 68.— *White to move and win.*

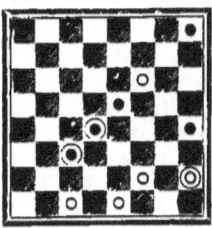

No. 69.—*Black to move and win.*

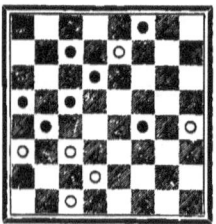

No. 73.—*White to move and win.*

No. 70.—*White to move and win.*

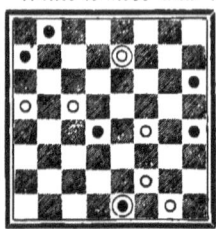

No. 74.—*White to move and win*

No. 71.—*Black to move and win.*

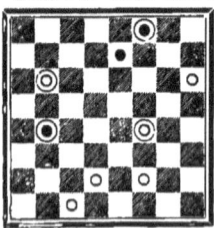

No. 75.—*Black to move and win.*

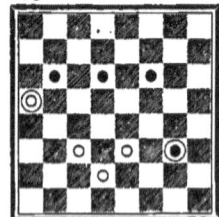

No. 72.—*White to move and win.*

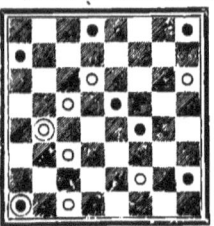

No. 76.—*White to move and win.*

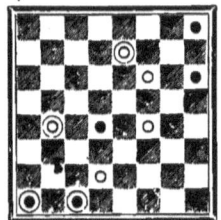

No. 77.—*Black to move and win.*

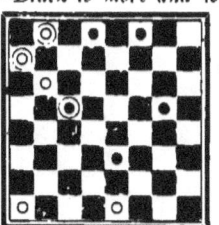

No. 81.—*White to move and win.*

No. 78.—*White to move and win.*

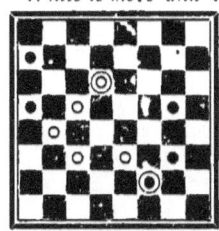

No. 82.—*White to move and win*

No. 79.—*White to move and win.*

No. 83.—*White to move and win.*

No. 80.—*White to move and win.*

No. 84.—*Black to move and win.*

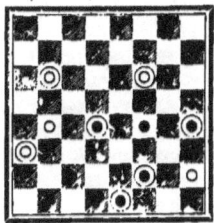

No. 85.—*White to move and win.*

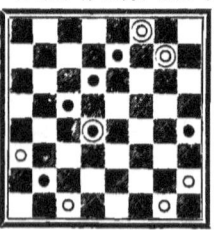

No. 89.—*B. to move and W. to win.*

No. 86.—*White to move and win.*

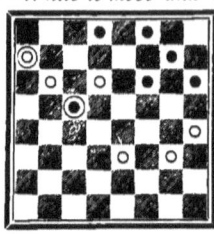

No. 90.—*W. to move and B. to win.*

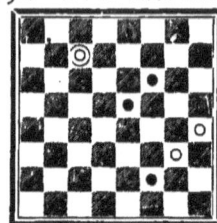

No. 87.—*White to move and win.*

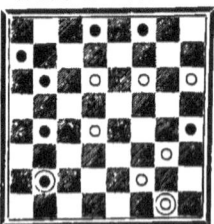

No. 91.—*White to move and win.*

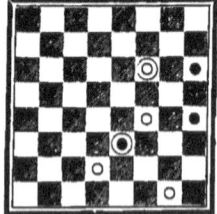

No. 88.—*White to move and win.*

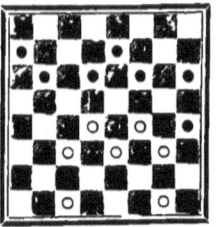

No. 92.—*White to move and win.*

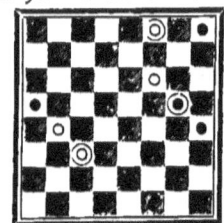

No. 93.—*White to move and win.*

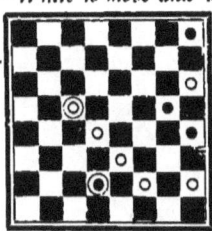

No. 97.—*White to move and win.*

No. 94.—*Black to move and draw.*

No. 98.—*White to move and win.*

No. 95.—*Black to move and win.*

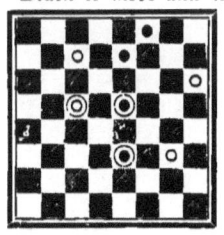

No. 99.—*Black to move and win.*

No. 96.—*White to move and win.*

No. 100.—*White to move and win.*

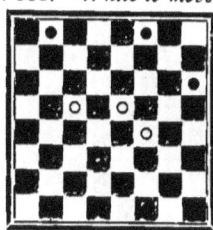

No. 101.—*White to move and win.*

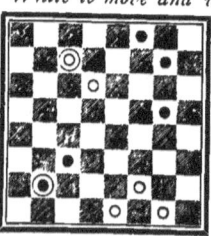

No. 105.—*White to move and win.*

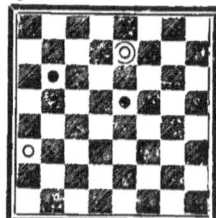

No. 102.—*Black to move and win.*

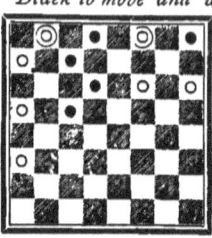

No. 106.—*White to move and win.*

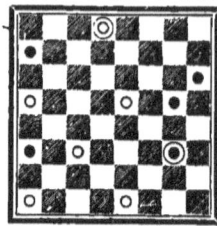

No. 103.—*Black to move and win.*

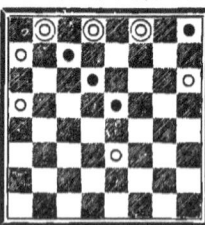

No. 107.—*White to move and win.*

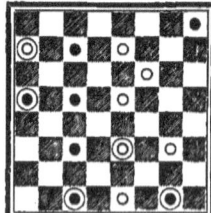

No. 104.—*White to move and win.*

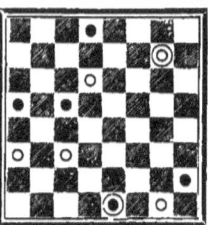

No. 108.—*White to move and win.*

No. 109.—*White to move and win.*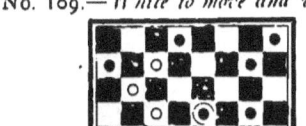

No. 113.—*White to move and win.*

No. 110.—*White to move and win.*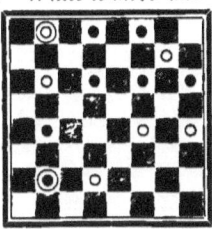

No. 114.—*White to move and win.*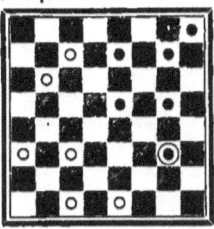

No. 111.—*White to move and win.*

No. 115.—*White to move and win.*

No. 112.—*White to move and win.*

No. 116.—*White to move and win.*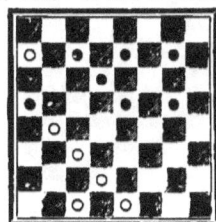

No. 117.—*White to move and win.*

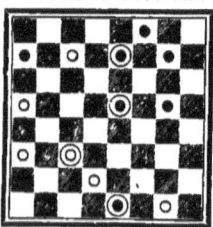

No. 121.—*White to move and win.*

No. 118.—*White to move and win.*

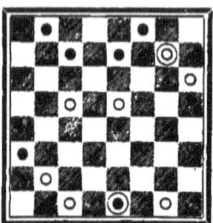

No. 122.—*White to move and win.*

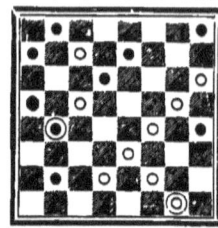

No. 119.—*White to move and win.*

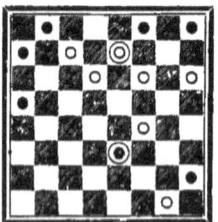

No. 123.—*White to move and win.*

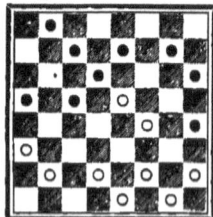

No. 120.—*Black to move and win.*

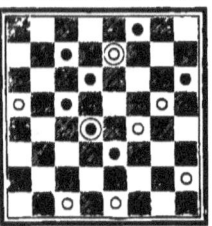

No. 124.—*White to move and win.*

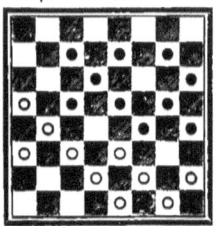

No. 125.—*Black to move and win.*

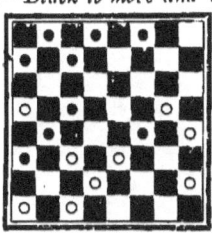

No. 129.—*White to move and win.*

No. 126.—*White to move and win.*

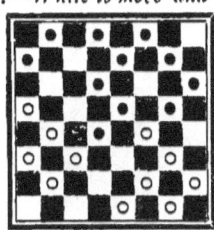

No. 130.—*White to move and win.*

No. 127.—*White to move and win.*

No. 131.—*White to move and win.*

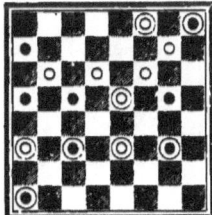

No 128.—*White to move and win.*

No. 132.—*White to move and win.*

No. 133.—*White to move and win.*

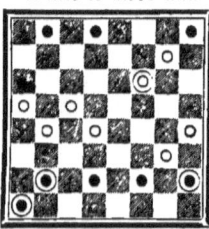

No. 137.—*White to move and win.*

No. 134.—*White to move and win.*

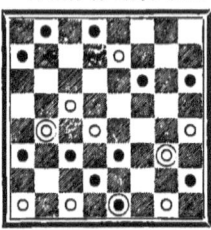

No. 138.—*White to move and win.*

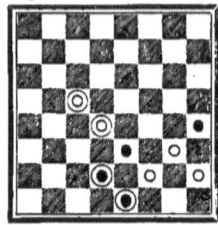

No. 135.—*White to move and win.*

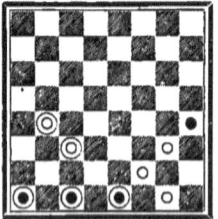

No. 139.—*Black to move and win.*

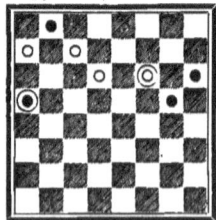

No. 136.—*White to move and win.*

No. 140.—*White to move and win.*

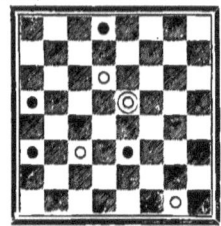

No. 141.—*White to move and win.*

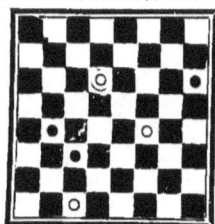

No. 145.—*White to move and win.*

No. 142 —*Black to move and win.*

No. 146.—*Black to move and draw.*

No 143.—*White to move and win.*

No. 147.—*White to move and win.*

No 144.—*White to move and win.*

No. 148.—*White to move and win.*

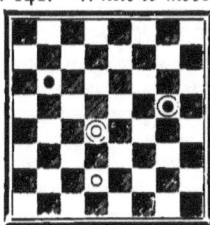

No. 149.—*B. to move and W. to draw.*   No. 153.—*White to move and win.*

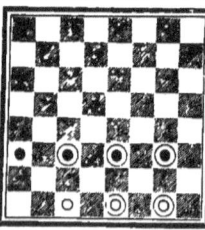   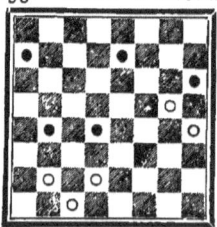

No. 150.—*W. to move and B. wins.*   No. 154.—*White to move and win.*

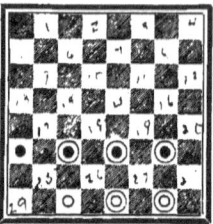   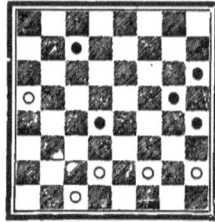

No 151.—*White to move and win.*   No. 155.—*White to move and win.*

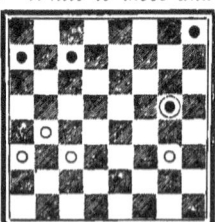   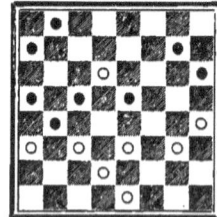

No. 152.—*White to move and win.*   No. 156.—*Black to move and win.*

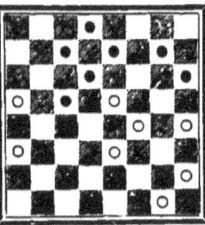   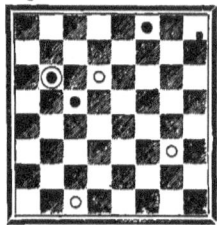

CRITICAL POSITIONS.

No. 157.—*White to move and win.*

No. 161.—*Black to move and win.*

No. 158.—*White to move and win.*

No. 162.—*White to move and draw.*

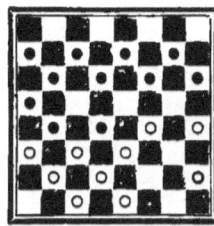

No 159.—*B. to move and W. to win.*

No. 163.—*W. to move and B. to win.*

No 160.—*White to move and win.*

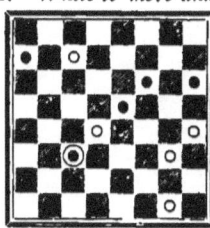

No. 164.—*B. to move and W. to draw.*

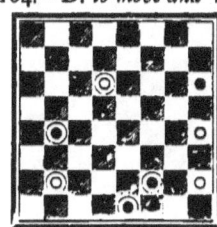

No. 165.—*White to move and draw.*

No. 169.—*Black to move and win.*

No. 166.—*Black to move and win.*

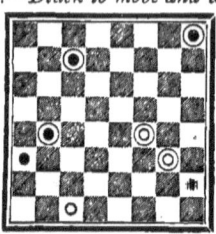

No. 170.—*B. to move and W. to draw*

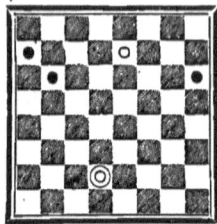

No 167.—*White to move and draw*

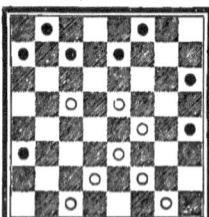

No. 171.—*W. to move and B. to draw.*

No 168.—*Either to move and B. draw.*

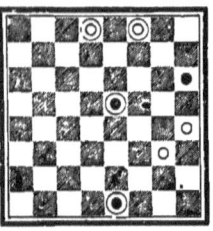

No. 172.—*White to move and draw.*

SOLUTIONS
OF THE FOREGOING POSITIONS.

No. 1.						No. 6.
	16 11-8	7	13	11 16	23	
	18 15	27 32	16-20	W. wins.	19 23	
27 32	8-4	18 23	27 32		15 19	18 22
1 28-24	15 11	12-16	28-24		23 26	17 26
2 23 18	12-16	28 24	32 28		19 24	27 31
3 24,28	11 15			19		
4 18 15		W. wins.	W. wins.	16-20	W. wins.	
5 28-24	W. wins.			a 11 16		
32 28				28 24		No. 7.
6 21-27			14	32 28		
15 18		8	12-16	24-27	No. 2.	
7 12-16	3	27-31	28 32	16 19		32 27
o 28 32	24-20	18 15	2} 16-20	27-32	15 11	28 32
8 27-24	32 27	31-26	32 28	19 23	3-8	27 24
o 18 15	17 12-16	32 27	19-16		11 7	19 28
9} 16-20	18 15		18 23	W. wins.	8-12	26 23
10 }		W. wins.			7 11	
15 18	W. wins.		W. wins.			
11 24-19				20		
32 28				19-23		No. 8.
12 19-16		9	15	11 15	No. 3.	
18 23	4	16-19	16-20	32-28		19 23
16-11	12-16	32 27	24 27	15 19		12-16
23 19	18 15	24-31	20-16		7 10	23 26
11-8	18 24-20	15 24	18 15	W. wins.	9-13	16-19
28 32	32 27		16-20		10 14	32 27
8-11		W. wins.	15 11		13-9	28 32
32 27	W. wins.		12-16	21	14 10	27 24
11-8			. 11 15	19-24		
27 23		10		11 15		
8-11	5	24-28	W. wins.	32-27		
23 18	12-16	15 11		15 19	No. 4.	No. 9.
11-8	15 11					
18 15	19 16-19	W. wins.	16	W. wins.	W. to move.	27 24
8-12	32 27		12-16		27 23	18-15
15 11	28-32	See Var. 5	18 23		25-29	24 20
W. wins.	20} 27 31	at 2d move.		22	23 18	15-11
	21} 32-28		W. wins.	19-24	29-25	20 24
	11 16			18 15	26 30	19-23
1	19-24					24 20
12-16	16 19		W. wins.	B. to move.		
32 27		11	17		25-29	
13 28-32	W. wins.	24-28	20-16	◄	27 23	
27 24		18 23	18 15		29-25	
32-28			16-20	A	23 18	No. 10.
24 20	6	W. wins.	15 11		25-29	W. to move.
W. wins.	24-20		12-16	28 32	18 22	31 27
	15 11		11 15	16-19	21-25	22 18
	12-16	—			26 30	27 24
	A 11 8	12	W. wins.	11 15		18 15
2	16-19	20-24		23 19-24		24 27
24-19	8 11	18 23		32 28		23-19
32 28	19-23	19-26	18	24-27	No. 5.	27 24
14 10-16	11 15	28 10	24-28	28 32		19-16
c 28 24	23-27		15 11	27-31	30 26	24 20
15 16-11	28 32	W. wins.	16-20	15 19	22-31	15-11
24 20	W. wins.		W. wins.		28 32	20 24

SOLUTIONS TO POSITIONS.

No. 10 cont'd.	No. 12.	No. 20.	No. 28.	No. 33.	B. to move.	5- 1
16-20					1 6- 1	6 9
24 27					2 ⎱ 18 15	32-28
11-15	17 22	·11 7	22 25	14-17	⎰ 1- 6	23 27
27 31	18-25		21-30	23 26	3 ⎱ 14 10	
20-24	27 23		6 2	15-10	⎰ 6- 9	W. wins.
32 27	———			22 25	23 19	
15-19		No. 21.		17-21	24-27	
27 20				25 22	15 18	
28-32	No. 13.	11 8	No. 29.	10-14	4 27 32	No. 36.
B. to move.				26 30	19-24	
23-19	6-10		1 6	14-17	9 5	15 19
31 27	19 23		3-10	22 18	10-14	8-11
19-16	———		16 11	———	32 28	19 23
27 24		No. 22.	15- 8		24-27	11-15
16-20		10 7	12 3	No. 34.	———	23 27
24 27	No. 14.	2-11		27 23	W. wins.	
22-17	11 7	19 15		32-27	1	
27 31	3-10			23 18	24-28	No. 37.
17-14	2 7		No. 30.	27-23	18 15	
31 27	———	No. 23.		18 15	28-32	19 23
14-10			24 19	23-19	14 10	25-29
27 31		9 6	15-24	15 10	6- 9	17 21
20-24	No. 15.	1-10	30 26	19-12	23 19	
1 32 27	30 25	2 6	21-30	10 6	32-27	
10-15	21-30		6 9	12-16	15 18	
27 20	8 11			6 2	———	No. 38.
15-19	———			W. wins.	W. wins.	
2 31 27					2	7 10
28-32			No. 35.		1- 5	14- 7
27 31					14 10	6 2
19-24	No. 16.	No. 24.	No. 31.	W. to move.	24-28	
\ 1	32 27	30 26	12-16	18 15	23 19	
31 26	28-32	22-31	24 20	1 6- 1	28-32	No. 39.
10-15	7 10	·7 11	15-10	14 9	15 18	
26 23	32-23		20 11	24-28	32-27	15 10
15-11	10 14		10- 1	23 19	10 6	
23 26	———		11 7	1- 5	27-32	
11-16				9 6	19 23	
26 23		No. 25.		2 28-32	5- 1	
16-20				19 24	6 9	No. 40.
23 26	No. 17.	28 24		5- 1	W. wins.	17 14
24-19		20-27	No. 32.	24 19		10-17
·26 31	12 8	25 22		W. wins.	3	9 13
20-24	11- 4				24-28	
32 27	6 2			13-17	14 10	
28-32	———			30 26	28-32	
2		No. 26.		1·	23 19	
20 24				24-28	1- 5	No. 41.
19-23		32 27		23 27	15 18	
24 20	No. 18.	23-32		6- 1	5- 1	10 6
28-32	25 21	26 23		14 10	19 24	23-14
31 27	26-17			28-32	1- 5	5 1
23-19	29 25			27 24	10 14	2- 9
	———			1- 5	32-28	1 5
No. 11·		No. 27.		10 6	24 27	
				17-21		
15 11				8 11	W. wins.	W. wins.
3- 8	No. 19.	19 24		22-25		
10 15	10 7	20-27		11 15	2	4 No. 42.
8- 3	15- 8	18 22		25-29	5- 1	9- 5
15 19	2 6			29-25	6 10	10 6	13 9
12- 8				30 26	27-32	5-14
				W. wins.	23 19	6 10

SOLUTIONS TO POSITIONS.

No. 43.	No. 49.	No. 56.	No. 63.	No. 69.	No. 75.	No. 81.
22-18	20 16	26 23	13 9	19-23	11 15	30 25
14 17	19-10	17-26	6-13	26 19	13 6	21-30
18-11	11 7	19 16	15 6	17-26	15 10	23 26
10 14			1-10	30 23	6 15	30 23
			27 24	14-18	24-20	22 17
			20-27			13-22
	No. 50.	No. 57.	31 6			6 9
No. 44.	21 17	16 19				
30 26	14-21	22-26	No. 64.	No. 70.	No. 76.	
22-18	15 18	11 16				No. 82.
19 24		20-11	20 16	19 16	26 22	
28 19		32 27	15-24	12-19	18-25	26 24
26 23			22 18	14 10	19 16	12-16
			12-19	31-24	12-19	24 19
	No. 51.	No. 58.	18 2	10 6	11 8	16 23
	28 24					30 25
No. 45.	19-28	6 9				29 22
	10 19	13- 6	No. 65.		No. 77.	13 9
18 14	20-24	2 9		No. 71.		
9-18	19 15	14-17	13 9			
26 22		9 13	23-32	3- 8	23-27	No. 83.
18-25		17-22	8 3	12 3	31 24	
24 19		13 17		17-13	16-19	30 25
	No. 52.	22-25			24 15	29-22
	27 24	17 22	No. 66.		14-10	23 18
No. 46.	16-20		31 26	No. 72.		22-15
	23 18	No. 59.	22-31		No. 78.	6 1
21 17		23 19	18 14	22 18		
9-13		24-15	31-24	15-22	23 19	
10 15		14 17	14 7	17 26	16-23	No. 84.
19-10	No. 53.		3-10	28-32	22 18	
18 14	5- 9		28 3	27 24	13-22	20-16
13-22	13 6	No. 60.		19-28	14 9	11 20
14 16	1-10		No. 67.	26 23		19-24
	7 14	14 10				28 19
	22-26	5-14	20 16		No. 79.	18-14
No. 47.		6 1	11-20	No. 73.		17 10
		15- 6	19 15		30 25	27-24
15 11	No. 54.	1 26	10-19	18 22	29-22	
8-15			23 16	17-26	31 27	
30 26	10 6		12-19	19 24	32-23	No. 85.
22-31	1-10	No. 61.	22 17	20-27	15 10	
32 28	14 7		13-22	15 10	14- 7	21 17
	3-10	10 6	26 3		8 3	14-21
	17 14	2- 9				28 24
		11 8	No. 68.			
No. 48.			27 23	No. 74.	No. 80.	
30 26	No. 55.	No. 62.	18-27			No. 86.
31-22			31 24	20 16	13 9	
18 25	22 18	14 18	20-27	12-19	23-32	10 7
21-30	13-22	11- 4	30 26	21 17	30 25	3-10
20 16	8 3	18 11	22-31	22-13	29-22	23 18
			28 32	27 23	8 3	

SOLUTIONS TO POSITIONS

No. 86 cont'd.
14–23
24 19
23–16
9 6

No. 87.
11 7
2–11
27 23
20–27
18 15

No. 88.
22 17
20–27
18 15

No. 89.
28–24
20 16
24– 8
17 14

No. 90.
6 10
27–32
10 19
32–28

No. 91.
11 15
23–30
32 27

No. 92.
22 18
13–22
18 25

No. 93.
12 8
26–19
14 10
4–11
18 14

No. 94.
23 18
11– 7
18 9
7– 2

No. 95.
3– 8
12 3
15–18

No. 96.
20 16
12–19
14 18

No. 97.
30 26
18– 9
26 19
11–15
10 6

No. 98.
3 7
11–16
13 9
6–13
4 8

No. 99.
14–18
5 14
23–19

No. 100.
14 10
1– 5
10 7
3–10
15 6
5– 9
6 2
9–14
2 6
14–18
6 10
18–23
10 15
23–26
15 18
26–31
18 23

No. 101.
31 26
22–31
32 28
31–24
28 12

No. 102.
2– 7
11 2
6– 9
13 6
14–17
21 7
4– 8

No. 103.
6– 9
13 6
15–18

No. 104.
8 11
31–26
10 6
2– 9
11 15
26–17
15 10

No. 105.
7 10
15–19
21 17
9–14
10 15

No. 106.
29 25
21–30
31 26
30–23
22 18
23–14
15 10

No. 107.
23 26
30–23
24 19
23–16
31 27
32–23
15 10
6–15
5 9
13– 6
7 3

No. 108.
17 22
25–18
28 24
20–27
2 6
1–10
3 7
11– 2
9 6

No. 109.
30 25
29–22
14 10
5–14
6 1

No. 110.
26 22
25–18
9 6

2– 9
19 16
12–19
1 5

No. 111.
13 9
5–14
23 26
30–23
19 10
12–19
31 27

No. 112.
30 25
29–22
14 9
5–14
10 19
3–10
19 23
10–14
4 8
14–17
8 11
17–21
11 15
21–25
15 18

No. 113.
17 14
18– 9
15 10
6–15
13 6
2– 9
11 25
9–13
25 22
5– 9
3 7
9–14
7 10
14–17
22 25

No. 114.
22 18
15–22
31 26

22–31
30 26
31–22
21 17
22–13
6 1

No. 115.
6 10
14–17
10 15
17–26
27 24
20–27
19 16

No. 116.
17 14
10–17
22 18
15–22
31 27
22–31
5 1

No. 117.
32 27
31–24
13 9
5–14
21 17
14–21
22 25
21–30
6 2

No. 118.
32 27
31–24
15 11
7–16
30 26
21–30
8 11

No. 119.
12 8
15–22
3–12
6 2

23–16
10 6
1–10
7 14
16– 7
2 11
5– 9
14 5
13–17
5 9
17–22
9 14
22–26
14 18
26–31
18 22
4 8
11 4
12 16
4 8
16–19
8 11
19–23
22 25
31–26
25 30

No. 120.
6– 9
13 6
23–27
31 24
10–15

No. 121.
13 9
6–13
15 10
7–14
17 10

No. 122.
26 22
17–26
32 28
10–17
28 32
1–10
27 24
20–27
16 11
7–16
12 8
4–11
19 12
26–19
32 30

SOLUTIONS TO POSITIONS.

No. 123.	No. 128.		No. 138.			No. 148.
19 16	12 8	2-11	· 14 9	14 9	32-28	18 15
12-19	3-12	32 27	23-32	6-10	23 27	9-14
28 24	19 16	12- 3	9 13	3 7	28 32	26 22
19-2*	12-19	27 24	20-27	11- 2	19 23	14-18
25 22	28 24		18 22	9 6	32-28	15 11
10-19	19-28	No. 133.			See No. 1.	
22 17	26 23		No. 144.			
	17-26	14 9				No. 149.
	20 24	28-19	No. 139.	30 26		
		18 15		27-23		24-28
No. 124.		19-10	13 9	19 15	No. 146.	31 27
		17 14	11-20	23-30		23 19
22 18	No. 129.	10-17	9 2	15 19	24 27	27 31
15-22		9 6	20-24	21-25	15-11	19-24
13 9	29 25	1-10	12 16	22 29	27 23	32 27
6-13	32-23	11 16	24-28	30-26	11-15	24 20
27 24	2 7		16 19	29 25	23 27	27 32
	30-21		28-32	26-31	15-19	22-18
	22 17		19 24	25 22	27 32	31 27
	13-22	No. 134.		31-27		
No. 125.	14 17			22 18		
		18 15		27-32		
14-18		11-18	No. 140.	18 23		No. 150.
22 15		24 19		32-28		
17-22	No. 130.	2-11	22 18	23 27		32 28
26 17		20 16	13-17	28-32	No. 147.	24 20
19-26	25 22	11-20	10 6	19 23		28 32
30 23	23-16	29 25	2- 9	32-28	29 25	22-18
6- 9	15 11	22-29	18 14		1- 6	31 27
	6-15	17 22	See No. 1.		25 22	23-19
	13 6	18-25			6- 9	27 31
	1-10	19 24			22 17	19-24
No. 126.	28 24	20-27	No. 141.	No. 145.	9- 6	33 27
		14 10			17 14	24-28
13 9			10 15	26 23	6- 1	27 32
16-23			17-21	32-28	14 9	18-22
17 13	No. 131.		19 16	27 32	1- 5	31 27
5-14		No. 135.	12-19	28-24	9 6	22 26
24 19	23 18		15 24	32 28	5- 1	30 23
15-24	14-23	27 23	22-25	24-20	6 2	28-24
22 6	3 7	20-27	24 19	23 19	1- 5	
2- 9	5-14	17 21		20-24	2 6	
13 6	15 19	30-26		19 15	5- 1	
1-10	24- 6	21 17		24-27	6 9	No. 151.
27 9	7 10		No. 142.	15 18	1- 5	
	6-15			3- 8	9 14	24 19
	8 3		21-25	18 15	5- 1	16-23
	15- 8	No. 136.	2 7	8-12	14 18	22 18
No. 127.	3 10		25-30	28 32	1- 5	23-14
	4- 8	24 19	7 11	27-24	18 22	17 1
28 24	10 15	15-24	30-26	15 11	5- 9	
7-11	13-17	30 25	18 14	24-28	30 26	
24 19	21 14	21-30	26-23	32 27	9-14	
4- 8	29-25	32 28	14 10	28-32	26 23	No. 152.
6 2	14 18		22-18	23-32	14- 9	
8-12				27 24	23 18	13 9
2 7				32-28	9- 5	6-13
11-16		No. 137.		24 19	18 14	15 6
7 10	No. 132.		No. 143.	28-32	5- 1	2- 9
16-23		28 24		11 15	14 9	19 15
30 25	15 10	20-27	22 17	32-28	1- 5	7-11
20-22	19-12	26 23	21-25	15 18	22 17	15 10
14 9	3 7	27-18	17 13	26 32	5-14	11-15
		9 5	25-30	18 23	17 10	28 24

SOLUTIONS TO POSITIONS

No. 1;2 con'd.						
8-11	30 25	7 2	14 10	12-16	24-27	6 10
10 6	27-31	23-29	5- 9	17 22	19 23	Drawn,
15-18	25 21	2 7	10 7	16-19	27-31	Sturges.
24 19	31-26	29-25	9-14	22 18	22 18	
	B 16 12	7 10	7 11	11- 7	31-26	o
	10-14	25-21	14-17	18 15		1- 5
	1 5	10 15	11 8	19-23		A 30 26
	26-23	13-17				3- 8
	5 1	15 19	A			19 15
No. 153.	23-19	17-22			No. 162.	14-18
	1 6	19 23	8-12	No. 160.		22 17
26 22	19-15		14 9		22 15	18-22
12-19	6 2		6-10	24 19	11-27	26 23
22 15	15-11		9 6	15-24	31 24	22-26
19-23	2 6	No. 158.	10-14	32 28	10-14	23 18
20 16	3- 7		6 2	22-15	25 22	26-31
23 27	6 10		14-18	28 10	7-11	18 14
25 21	14-18	24 20	2 7	5- 9	30 25	31-27
17-22	10 3	19-10	18-22	6 2	14-18	14 10
21 17	18-14	20 11	13 9	9-13	22 15	27-23
27-32		10- 7	22-26	10 7	11-18	10 7
17 14	A	29 25	7 10	11-15	21 14	8-12
32-27		7-16	1 5	2 6	13-17	15 10
15 11	30 26	31 26	10 14	15-18	14 10	23-18
	9-14	17-21	26-30	6 10	6-15	B. wins.
	10 6	4 8	9 6	18-22	19 10	J. Evans.
	3- 8		30-26	10 14	9-13	
No. 154.	24 20		6 2	22-25	25 21	A
	8-11		26-31	7 2	18-22	
26 23	6 1		2 7	25-29	21 14	19 16
18-22	11-15	No. 159.	31-24	2 7	22-31	5- 9
23 18	1 6		28 19	29-25	10 6	22 17
16-19	15-19	A 8-11	20-24	7 10	13-17	14-18
18 15	20 16	14 9	7 11	25-21	6 2	17 14
22-26	18-23	6-10	24-28	10 15	31-27	9-13
30 16	26 22	9 6	11 16	13-17	2 6	14 9
12-19	23-26	10-14	28-32	15 19	8-11	3- 8
13 9	16 11	6 2	16 20	17-22	6 10	B. wins.
6-13	26-30	14-17	32-27	19 23	11-16	J. Evans.
15 11	11 7	2 7	19 15			
	30 26	11-16	27-23			
		7 10	15 10			No. 164.
	B	17-22	23-19			
No. 155.	21 17	13 9	10 6	No. 161.	No. 163.	A } 31-26
	26-23	22-26	19-15			B } 25 22
10 6	17 13	9 6	6 2	11-15	24 19	26-23
1-10	10-14	B 26-30	15-11	19 16	15-24	22 13
23 19	1 5	6 2	2 6	10-14	28 19	12-16
8-11	23-19	30-26	12-16	16 11	o 1- 6	19 12
31 27	16 12	2 7	14 18	14-18	30 26	27-24
5- 9	19-15	26-22	16-19	30 25	6-10	B. wins.
27 23	5 1	10 15	6 10	18-23	26 23	Sturges.
	15-10	1- 6	5- 9	11 8	3- 8	
	1 5	7 11	10 6	23-26	19 16	
	10- 6	B	9-13	8 3	8-15	A .
No. 156.		1- 5	6 10	26-30	16 11	
		10 14	11- 8	3 8	2- 6	o 20 16
14-18		26-30	10 15	2- 7	22 17	12-19
A 24 19	No. 157.	6 2	C	8 3	6- 9	25 22
18-23		30-26		7-10	17 13	Drawn.
19 16	2 6	2 6	11-15	10-14	15-18	R. E Bowen.
9-14	15-18	26-22	14 10	7 11	13 6	
10 6	6 10	6 10	15-11	15-19	6 2	B
23-27	18-22	22-26	6 9	11 15	10-15	o 10 15
6 1	10 14	10 15	5-14	19-24	2 6	Drawn.
14 10	22-25	26-22	10 17	15 19	15-19	J. D. Janvier.

SOLUTIONS TO POSITIONS.

No. 165.

14-10	
7-14	
20 16	
12-19	
27 23	
19-26	
31 6	
W. wins.	
Sturges.	
But continue:	
○ 14-18	
A 6 2	
5- 9	
B 2 6	
9-13	
6 10	
18-23	
25 22	
4- 8	
10 15	
8-12	
15 19	
23-27	
22 18	
27-31	
18 14	
13-17	
19 23	
12-16	
23 18	
16-20	
14 10	
31-27	
10 7	
20-24	
7 2	
24-28	
2 6	
28-32	
6 9	
27-23	
Drawn.	
A	
25 22	
18-25	
29 22	
4- 8	
6 2	
5- 9	
2 6	
9-13	
6 10	
8-11	
10 14	
11-15	
14 18	
15-19	
18 15	
19-24	
15 19	
24-27	
19 24	
27-31	
Drawn	

B

2 7
9-13
7 11
18-23
25 22
23-27
22 18
27-31
18 14
31-27
14 10
13-17
11 15
27-23
10 7
4- 8
7 3
8-12
3 7
17-22
Drawn.

No. 166.

4- 8
19 23
8-11
24 28
11-16
23 27
6-10
28 32
16-20
32 28
Drawn.
Sturges
But continue:
A } ○10-15
B } 27 31
C } 17-22
28 32
20-24
D 32 27
24-28
E 27 32
15-11
31 27
11-16
27 31
16-20
B. wins.
Janvier.

No. 167.

30 25
21-30
14 10
7-14
19 16
12-19
23 16

B

28 32
15-19
27 31
19-24
31 26
24-28
B. wins.
C
28 24
17-22
24 28
15-19
F 28 32
19-24
27 31
24-28
G 31 27
22-26
B. wins.
D
32 28
15-19
B. wins.
E
27 23
15-11
31 27
11-16
27 31
10-20
B. wins.
F
27 31
19-23
28 32
20-24
B. wins.
G
32 27
28-32
27 23
20-24
B. wins.
Janvier.

30-26
22 18
21-17
18 15
10- 7
19 16
26-23
1 15 11
7- 3
2 16 12
23-18
11 8
18-15
8 4
15-11

30-23
27 2
W. wins.
Payne.
But continue:
○ 1- 6
2 9
5-14
32 28
14-18
Drawn.
Janvier.

No. 168.

W. to play.

3 8
31-26
2 7
26-22
7 11
22-18
8 4
15- 8
4 11
12-16
24 19
16-23
20 16
B. to play.
31-27
3 8
15-10
8 11
27-23
11 8
23-27
8 3
10-15
2 6
27-23
6 1
23-18

No. 169.

30-26
22 18
21-17
18 15
10- 7
19 16
26-23
1 15 11
7- 3
2 16 12
23-18
11 8
18-15
8 4
15-11

29 25
17-14
25 21
14- 9
21 17
9-13
17 14
3- 7
1
29 25
7- 3
3 16 11
17-22
25 18
23-14
11 16
14-18
15 10
18-15
10 6
15-11
2
29 25
17-22
3
15 11
17-22
25 18
23-14
16 19
14-18
19 15
3- 8
No. 170.
1 9-14
26 23
2 14-17
7 3
17-22
3 7
22-25
7 10
3 25-30
10 14
30-25
14 18
5- 9
23 26
9-13
4 26 30
5 25-21
30 26
21-17
26 23
17-21
18 22
12-16
23 27

16 20
27 32
20 24
22 26
21-25
26 31
1
12-16
26 23
6 16-20
23 19
9-14
7 2
14-18
2 6
18-22
6 10
22-26
10 15
13-17
18 23
17 22
23 27
24-28
27 32
5- 9
7 2
9-13
2 6
14-17
6 10
17-21
10 14
13-17
14 18
21-25
18 22
25-30
22 25
30-26
25 30
16-20
30-25
26-31

3
5 9
10 15
25 30
15 18
9-13
18 22
17-22
27 31
23 27
18 23
13 17
17 22
27 31
18 23
17 22
27 31
23 19
22 26
18 23
13-17
18 23
17 22
27 31
23 19
22 26
27 32
22-26
31 27
23 18
24-28
23 27
30-26
27 31
19-15
31 26
15-18
27 31
19-23
26-23
12-17
31 27
16-12
19-15
31 27
26 23
25-29
18 23
12-17
23 19

SOLUTIONS TO POSITIONS

No. 170 con'd.				
17-21	23 27	1	15 10	27 24
30 26	16-20		22-26	15-11
29-25	22 18	25 21	1 10 7	24 27
19 24	30-26	10-15	26-31	10- 7
25-29	27 31	17 13	2 9 14	27 23
26 30	26-30	23-18	3 19-15	7-10
12-16	18 23	22 17	7 2	23 27
30 26	20-24	15-10	15-11	11-15
29-25	23 27	13 9	14 10	27 24
26 23	24-28	18-22	31-27	15-18
16-20	27 32	17 13	10 7	24 27
24 27	13-17	22-18	11- 8	18-22
	31 27	9 5	7 3	27 24
		10-14	8- 4	22-26
6	9	5 1	2 7	24 27
		14-10	27-23	26-31
9-14	30-25	1 5	28 24	27 24
7 2	23 26	10-14	23-18	
14-17	12-16	13 9	24 19	2
2 7	18 15	14-10	21-25	
17-22	9-14	21 17	7 11	7 2
7 11	26 23	18-14	25-30	31-27
16-20	25-22	17 13	19 15	2 7
23 19	23 27	14-17	18-14	27-23
22-26	14-17	5 1	11 7	9 6
11 15	27 24	17-14		19-15
26-31	16 20	9 5	1	7 10
19 23	24 27	14-18		15-11
20-24	22-26	13 9	9 14	6 2
23 27	15 19	18-14	19-15	21-25
24-28	26-31	9 6	10 6	10 7
27 32	27 23	14- 9	4 15-11	23-18
31-26	17-22	6 2	14 18	7 16
15 19	19 15	9-14	26-31	12-19
	22-25	2 6	18 23	20 16
7	15 19	10-15	21-25	18-15
		6 9	28 24	B. wins.
26-30		14-10	11-15	
15 18		9 13	6 1	3
5- 9		15-18	25-30	
18 23			1 6	31-27
9-14	No. 171.	2	31-26	14 10
23 27			23 27	27-23
14-18		22 18	30-25	20 16
19 15	29 25	6- 2	6 9	23-18
18-22	3- 7	18 15	15-10	16 11
15 18	21 17	2- 7	24 19	18-15
30-25	7-10	21 17	26-22	28 24
18 23	1 17 13	26-22	27 24	
25-30	10- 6	17 14	22-18	4
27 31	25 21	22-17	24 27	
22-25	23-26	15 10	25-22	26-31
23 27	2 21 17	7- 2	27 24	14 10
25-29	26-23	13 9	22-17	15-18
27 32	17 14	17-13	24 27	6 2
29-25	6- 2	9 5	17-14	31-27
31 27	22 18	13- 9	9 5	2 7
	2- 6	10 7	18-15	27-23
8	18 15		27 24	7 11
	6- 1		15-11	23-19
	13 9		24 27	20 16
17-22	23-18		11- 7	
10 14	15 11	No. 172.	5 1	
22-25	18-15		14-18	
14 18	11 8	24 20	27 24	
12-16	15-18	27-24	7- 2	
18 22	8 3	19 15	24 27	
25-30	1- 5	24-19	18-15	

TABULAR LIST OF CORRECTIONS OF STURGES.

WALKER'S EDITION.

Game	Variation.	No. of move.	Book has	Correction.	Authority.
1	Game.	12	27 24 loses	21 17 draws	Sturges.
1	Var.	17	3 7 loses	6 10 draws	James Ash.
1	Var.	18	30 25 draws	24 19 wins	J. Ash.
1	Var.	19	7 10 loses	6 10 draws	J. D. Janvier.
1	A	6	24 19 draws	31 26 wins	R. E. Bowen.
1	A	9	5 9 loses	3 7 draws	Drummond.
1	A	12	32 28 draws	30 26 wins	Drummond.
1	B	1	25 21 draws	24 19 wins	Drummond.
1	D	1	28 19 draws	13 6 wins	Drummond.
1	G	1	25 22 draws	31 26 wins	Sturges.
1	G	3	32 28 draws	32 27 draws	E. Hull.
1	G	11	19 15 loses	26 22 draws	F. Allen.
2	Game.	22	26 19 loses	27 9 draws	Drummond.
2	Game.	29	2 7 draws	10 15 wins	Drummond.
3	Var. 1.	18	11 15 loses	10 15 draws	W. Strickland.
4	Game.	58	11 8 loses	11 15 draws	R. Horne.
5	Game.	41	11 15 draws	25 22 wins	Sturges.
5	B	4	5 9 loses	10 14 B. wins	Janvier.
5	B	13	8 3 loses	30 25 W. wins	G. A. Yost.
5	Var. 4.	5	19 15 loses	27 24 draws	Sturges.
5	Var. 4,	Last	Draws	continue B. wins	J. Robertson.
5	Var. 5.	21	3 8 loses	14 9 draws	A. J. Dunlap.
6	Var.	20	22 18 loses	31 26 draws	Janvier.
6	B	Last	B wins	continue drawn	Janvier.
6	C	7	31 27 loses	32 28 drawn	Janvier.
6	C	8	3 8 draws	14 17 wins	Drummond.
6	E	9	31 26 draws	31 27 draws	Drummond.
6	F	8	2 7 draws	10 15 wins	Drummond.
7	Game.	26	10 14 loses	9 14 draws	Sturges.
7	Game.	Last	Drawn	continue 16 11 wins	Drummond.
7	Var. 2.	6	7 10 loses	11 16 draws	Janvier.
7	A	1	24 20 draws	29 25 wins	Sturges.
7	D	48	7 2 loses	10 6 draws	A. L. Meyers.
8	A	1	19 16 draws	30 25 wins	Sturges.
8	C	9	16 19 loses	13 17 draws	Janvier.
8	C	10	31 27 draws	30 26 wins	Janvier.
8	E	7	9 14 loses	3 8 draws	Janvier.
8	H	3	29 25 loses	27 23 draws	Janvier.
9	Game.	17	11 16 loses	17 21 draws	Sturges.
9	Game.	18	32 27 loses	24 20 wins	Sturges.
9	Var. 1.	3	20 11 draws	28 19 wins	Janvier.
9	Var. 1.	6	17 21 loses	2 7 draws	Janvier.
9	Var. 1.	9	31 27 draws	25 22 wins	Drummond.
9	Var. 2.	1	32 28 draws	22 18 wins	Sturges.
9	B	Last	Drawn	cont'ue 9 14 B. wins	Drummond.
9	D	1	31 27 draws	32 28 wins	Drummond.
9	C	1	18 15 draws	25 22 wins	Drummond.
10	B	3	12 16 loses	21 25 draws	M. Pringle.
10	K	2	32 28 draws	19 16 wins	Sturges.
10	L	7	22 17 draws	26 23 wins	Drummond.
13	Game.	24	10 14 wins	3 8 best	Sturges.
13	Game.	38	14 18 draws	14 17 wins	Drummond.
15	Game.	34	2 6 loses	3 7 draws	J. Tonar.
15	Var. 1.	4	30 26 loses	31 26 draws	Drummond.
15	Var. 1.	25	25 22 draws	16 19 wins	Drummond.
15	A	Last	Drawn	continue W. wins	Drummond.
16	A	13	6 10 loses	6 9 draws	American Draught Player.

TABULAR LIST OF CORRECTIONS OF STURGES.—(Walker's Edition)

Game.	Variation.	No. of move.	Book has	Correction.	Authority.
16	A	14	30 25 draws	27 23 wins	Sturges.
16	A	28	19 16 loses	21 17 draws	Janvier.
16	C	8	22 18 loses	24 20 draws	Drummond.
16	C	15	31 27 draws	10 15 wins	Sturges.
17	Var. 1.	16	26 23 draws	10 7 wins	J. Tonar.
18	Var.	20	12 16 draws	5 9 wins	J. Price.
19	Game.	21	32 28 loses	32 27 draws	Janvier.
19	Game.	32	11 16 draws	10 15 wins	R. Graham.
20	Game	19	9 13 loses	1 6 draws	Sturges.
20	Game.	20	32 28 draws	20 16 wins	Sturges.
20	Var. 1.	6	26 22 loses	25 22 draws	Fife News.
20	Var. 1.	23	8 11 draws	8 12 wins	Wyllie.
20	D	12	26 22 draws	17 14 wins	G. Price.
20	H.	17	22 18 draws	27 23 wins	A. L. Meyers.
21	Game	55	23 18 loses	19 24 draws	McIndoe.
21	Game.	76	14 10 draws	14 9 wins	McIndoe.
21	C	16	25 22 loses	21 17 draws	Sinclair.
21	C	19	7 11 draws	15 18 wins	Sinclair.
21	D	26	29 25 loses	11 15 draws	Janvier.
21	D	Last	Drawn.	contin'e 18 23 wins	Fisk.
22	Game.	28	13 9 draws	27 23 wins	E. R. Jacques.
22	Game.	43	18 27 loses	10 26 draws	C. A. Denney.
22	Var. 1.	15	10 15 loses	12 16 draws	Dr. Clute.
22	A	3	27 23 loses	25 22 draws	J. Donaldson.
22	A	4	3 7 loses	12 16 wins	Tonar.
22	A	33	11 15 draws	11 16 wins	Tonar.
22	B	35	25 22 loses	5 9 draws	Janvier.
24	Var.	11	26 22 loses	23 19 draws	Hay.
24	Var.	Last	Drawn	continue B. wins	Fife News.
24	A	1	2 7 draws	11 15 wins	Sturges.
24	A	5	8 11 loses	5 9 draws	Janvier.
24	A	6	19 16 draws	13 9 wins	D. Kirkwood.
26	Game.	15	26 22 loses	28 24 draws	J. Bletcher.
26	Game.	26	7 10 draws	8 12 wins	J. Wyllie.
26	Game.	42	13 17 draws	23 26 wins	Sturges.
26	Var.	3	7 10 draws	9 13 wins	Wyllie.
26	Var.	4	21 17 loses	15 11 draws	American Draught Player.
26	Var.	7	3 7 draws	5 9 wins	Janvier.
26	B	1	12 16 draws	9 13 wins	Janvier.
28	A	*1	14 9 loses	19 16 draws	Sturges.
28	Game.	30	18 15 loses	19 16 draws	Sturges.
28	B	30	26 23 loses	10 7 draws	Janvier.
28	B	31	14 18 draws	13 17 wins	Tonar.
29	A	12	31 27 loses	4 8 draws	C. H. Irving.
31	Game.	10	15 11 loses	22 18 draws	Janvier.
31	Game.	37	19 23 draws	20 24 wins	G. W. Foster.
32	Game.	28	2 6 loses	8 11 draws	Heffner.
32	Game.	31	18 14 draws	21 17 wins	G. W. Foster.
32	A	10	27 23 loses	22 18 draws	Anderson.
32	Var. 2.	18	7 10 loses	1 6 draws	Janvier.
32	Var. 2.	27	19 16 draws	27 23 wins	W. R. Bethell.
32	E	10	26 23 loses	27 23 draws	Drummond.
32	E	Last	Drawn	continue 4 8 wins	H. S. Rogers.
32	I	12	7 10 loses	19 23 draws	Hay.
32	I	Last	Draws	continue W. wins	Hay.
33	Var. 4.	13	11 18 loses	10 28 draws	J. McFarlane.
33	Var. 4.	28	7 10 draws	7 11 wins	J. Burns.
33	F	4	18 15 draws	21 17 wins	W. Reid.
33	H	6	18 15 draws	18 14 wins	Bowen.
33	H	Last	B loses.	continue 9 13 dr's	O. Hefter.
34	Var.	11	6 1 loses	18 15 draws	T. Redd.
34	Var.	32	27 31 draws	32 28 wins	Anderson.
35	Game.	24	17 21 loses	18 22 draws	Janvier.
38	Var 1.	15	2 7 loses	16 19 draws	Janvier.
38	F	6	19 16 loses	27 23 draws	Janvier.
38	F	21	6 10 draws	6 9 wins	J. Price.
39	Game.	12	16 19 loses	7 10 draws	Drummond.
39	A	6	16 19 loses	6 10 draws	Hay.

TABULAR LIST OF CORRECTIONS OF STURGES.—(Walker's Edition.) 137

Game	Variation	No. of move	Took has	Correction	Authority
39	A	23	22 17 draws	15 10 wins	W. Reid.
39	Var. 1.	17	1 6 loses	7 11 draws	Anderson.
39	Var. 1.	18	16 11 draws	31 27 wins	Drummond.
39	Var. 2.	4	19 16 loses	25 22 draws	Sturges.
39	Var. 2.	9	6 10 draws	7 10 wins	Hay.
40	Game.	14	7 11 loses	7 10 draws	Drummond.
40	Game.	15	24 19 draws	22 17 wins	Sturges.
40	Game.	19	22 18 loses	28 24 draws	Sturges.
40	Var.	1	16 19 loses	7 10 draws	Drummond.
41	Game.	14	7 11 loses	7 10 draws	Drummond.
41	Game.	15	24 19 draws	22 17 wins	Sturges.
42	Game.	14	7 11 loses	7 10 draws	Drummond.
42	Game.	21	25 22 draws	21 17 wins	Sturges.
42	Var.	9	7 10 draws	7 11 wins	Drummond.
42	N	6	12 19 draws	20 27 wins	American Draught Player.
42	P	Last	B. wins	continue drawn	Drummond.
42	Q	1	1 5 draws	11 16 wins	Drummond.
42	Q	6	28 24 loses	30 26 draws	Janvier.
42	Q	Last	Drawn	contin. 20 24 wins	Drummond.
43	E	Last	Drawn	contin. 24 19 wins	Drummond.
43	F	15	22 26 loses	3 7 drawn	Hay.
43	Var.	3	7 10 loses	13 17 drawn	American Draught Player.
44	Game.	14	7 11 loses	7 10 drawn	Drummond.
44	Game.	17	23 7 draws	17 10 wins	Sturges.
45	Game.	14	7 11 loses	7 10 draws	Drummond.
45	H	12	19 15 draws	11 8 wins	Drummond.
45	I	1	15 10 loses	15 11 wins	Drummond.
46	Game.	7	4 8 loses	11 16 draws	Sturges.
48	B	37	31 26 loses	10 15 draws	Anderson.
49	B	1	25 22 draws	19 15 wins	Sturges.
50	G	14	32 28 loses	22 18 draws	Janvier.
50	G	15	10 14 draws	2 6 wins	Janvier.
51	Game.	14	26 23 loses	27 23 draws	C. Andrews.
51	Var.	2	4 8 draws	5 9 wins	Hay.
51	Var.	14	10 15 loses	6 9 draws	Drummond.
51	Var.	Last	Drawn	continue W. wins	Anderson.
52	C	3	9 14 loses	16 19 draws	Janvier.
52	E	2	2 7 loses	8 11 draws	Bethell.
52	E	7	29 25 drawn	32 28 wins	Bethell.
52	F	12	32 27 draws	25 22 wins	G. Price.
53	A	10	1 6 loses	7 10 draws	Janvier.
53	A	11	28 24 draws	32 27 wins	McIndoe.
53	G	12	19 16 loses	23 18 draws	Janvier.
53	G	Last	Drawn	cont. 10 14 B. wins	American Draught Player.
53	M	4	26 22 draws	28 24 wins	Drummond.
53	M	7	10 15 loses	2 7 draws	Drummond.
55	Game.	16	30 25 loses	24 20 draws	Drummond.
55	Game.	23	9 14 draws	12 16 wins	Sturges.
55	D	5	13 17 loses	12 16 draws	Drummond.
55	F	6	31 26 loses	15 10 draws	Hay.
55	F	7	17 21 draws	18 22 wins	Drummond.
55	L	3	11 16 loses	11 15 draws	Feidler.
55	M	2	11 15 loses	5 9 draws	Feidler.
55	M	3	24 20 draws	31 27 wins	Feidler.
56	Game.	30	30 26 wins	21 17 wins	Anderson.
56	Game.	34	21 17 draws	18 14 wins	Drummond.
56	D	5	15 19 loses	1 6 draws	Drummond.
56	Var.	2	25 22 loses	17 14 draws	Sturges.
56	Var.	3	6 9 draws	5 9 wins	Hay.
56	Var.	10	32 28 loses	30 25 draws	Wyllie.
56	Var.	13	7 11 draws	5 9 wins	Drummond.
56	I	1	4 8 draws	5 9 wins	Drummond.
60	Game.	16	30 25 loses	24 20 draws	Drummond.
61	E	8	30 25 loses	18 15 draws	Janvier.
61	E	Last	Drawn	contin. 5 9 B. wins	W. Walker.
61	F	11	6 9 loses	7 10 draws	Janvier.

TABULAR LIST OF CORRECTIONS OF STURGES.—(Walker's Edition.)

Game	Variation.	No. of move	Book has	Correction.	Authority.
61"	F	20	6 10 draws	14 9 wins	G. Price.
61"	G	3	1 6 draws	5 9 wins	J. King.
62"	Game.	20	24 20 loses	23 19 draws	Mugridge.
62	Game.	25	1 6 draws	8 12 wins	Bowen.
62	A	3	6 10 draws	3 8 wins	Swan and Adamson.
63 '	Game.	14	27 23 loses	24 20 draws	Wyllie.
63	Game.	19	16 20 draws	5 9 wins	Janvier.
63	B	4	28 24 loses	32 27 drawn	Janvier.
63	B	5	6 9 draws	14 18 wins	Drummond.
64	Game.	15	6 10 draws	11 16 wins	Janvier.
64"	E	12	15 18 draws	15 19 wins	Tonar.
65 "	Game.	24	22 17 loses	31 26 draws	Janvier.
65	Game.	25	7 11 draws	20 24 wins	Tonar. '
65	A	Last	Drawn	continue W. wins	J. Price.
66 ,	B	3	6 9 loses	15 18 draws	C. H. Irving.
67 \	A	21	7 11 loses	8 11 draws	D. Kirkwood.
68	B	25	13 17 loses	14 18 draws	Janvier.
68 '	B	30	14 10 draws	30 26 W. wins	J. Price.
68	C	8	10 15 draws	20 24 wins	J. Price.
68 -	D	3	1 5 loses .	2 6 draws	Wyllie.
68 "	E	9	6 9 loses	18 23 draws	J. Tonar.
68 '	G	2	8 12 loses	20 24 draws	J. Robertson.
68 "	G	6	31 26 draws	23 19 wins	Sturges.
68 "	H	5	32 28 draws	25 22 wins	G. Price.
69 "	Game.	22	24 20 loses	27 23 draws	Irving.
69 "	Game.	23	16 19 draws	1 6 wins	Irving.
69	A	15	2 6 loses	11 15 draws	Janvier.
69	A	26	19 15 draws	19 16 wins	Janvier.
69	A	Last	W. wins	cont'ue 12 16 drawn	Janvier

POSITION.

By CHARLES HEFTER.

BLACK

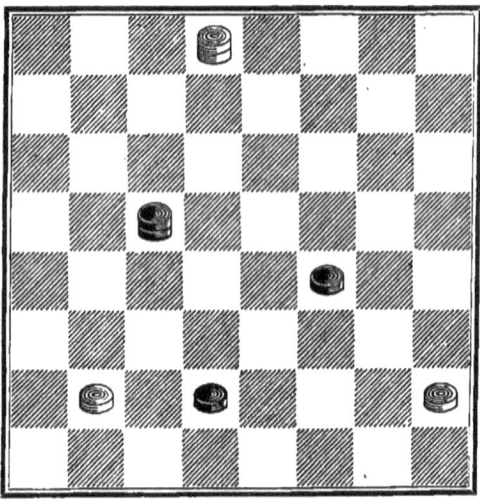

WHITE

White to move and Black to win.

TABULAR LIST OF CORRECTIONS

OF

"THE AMERICAN DRAUGHT PLAYER."

SINGLE CORNER.

Variation.	No. of move.	Book has	Correction.	Authority.
9	8	27 24 draws	23 18 wins	Drummond.
10	9	3 7 loses	6 10 draws	J. Ash.
12	14	1 6 draws	10 14 wins	Janvier.
34	50	8 4 draws	1 6 wins	A. L. Meyers.
34	49	15 11 loses	18 23 draws	Janvier.
39	29	18 14 draws	18 23 wins	Dunlap.
39	28	6 2 loses	24 19 draws	Ash.
40	17	32 27 draws	11 15 wins	B. Grant.
51	3	6 10 loses	12 16 draws	A. L. Meyers.
52	12	26 22 draws	30 25 wins	J. Robertson.
52	Last.	White wins	continue 31 27 draws	Spayth.
56	22	8 11 draws	14 10 wins	J. McArt.
56	17	1 6 loses	22 25 draws	Janvier.
57	10	2 7 draws	5 9 wins	J. Neilson.
57	7	27 23 loses	19 16 draws	Hay.
64	11	11 8 draws	25 21 wins	Ash.
64	10	2 6 loses	9 14 draws	Ash.
75	Last.	Drawn	contin. 13 17 wins	Janvier.
76	11	1 6 draws	7 10 wins	F. Allen.
77	Last.	Drawn	contin. 28 24 wins	Dunlap.
77	20	2 6 loses	23 18 draws	Janvier.
84	Last.	Drawn	continue B. wins	J. Robertson.
84	7	19 15 loses	27 24 draws	Books.
86	Last.	White wins	continue 16 19 draws	W. Fleming.
100	5	1 5 draws	14 18 wins	Wyllie.
100	5	1 5 draws	11 16 wins	Wickham.
102	7	1 5 draws	2 6 wins	Drummond.
102	4	13 9 loses	26 23 draws	J. Bertie.
112	29	17 21 loses	26 31 draws	Spayth.
113	3	3 8 loses	14 9 draws	Dunlap.
128	4	3 7 draws	10 15 wins	Janvier.
128	3	31 27 loses	18 14 draws	Janvier.
129	29	19 16 draws	14 9 wins	G. B. Vose.
129	28	27 24 loses	1 6 draws	Spayth.
129	8	3 7 draws	2 7 wins	W. R. Bethell.
133	33	13 9 draws	24 20 wins	Drummond.
133	28	6 9 loses	3 7 draws	W. Fleming.
137	Last.	White loses	continue—drawn	Janvier.
149	5	31 26 loses	6 10 draws	A. L. Meyers.
154	26	16 19 draws	16 20 wins	T. Vanner.
154	4	1 6 draws	10 14 wins	Drummond.
181	7	11 8 loses	30 25 draws	Janvier.
182	9	10 15 loses	11 15 draws	W. Finlay.
182	8	9 6 draws	9 5 wins	W. Finlay.
219	18	24 28 draws	16 20 wins	var. 127 at the 24th move
220	.1	10 14 loses	10 15 wins	Janvier.
226	3	6 9 loses	3 7 draws	Drummond.
233	1	7 10 loses	6 10 wins	Drummond.
252	1	1 6 loses	11 15 wins	Drummond.

OLD FOURTEENTH.

Variation.	No. of Move.	Book has	Correction.	Authority.
3	22	26 23 draws	24 20 wins	Wyllie.
3	9	7 11 loses	5 9 draws	Several.
9	Last.	Drawn	continue 20 16 wins	G. W. Foster.
9	48	17 22 loses	17 21 draws	Jauvier.
10	5	23 5 loses	21 5 draws	J. A. Mugridge.
10	2	5 9 draws	14 17 wins	Janvier.
11	Last.	White loses	continue 24 20 draws	Janvier.
11	14	2 7 draws	16 20 wins	Janvier.
14	29	18 27 loses	10 26 draws	C. A. Denney.
14	14	13 9 draws	27 23 wins	E. R. Jacques.
15	7	3 8 loses	18 22 draws	Dr. Clute.
28	32	25 22 draws	18 15 wins	Drummond.
28	31	16 20 loses	3 7 draws	Drummond.
28	24	15 10 draws	14 10 wins	F. Allen.
28	3	11 15 loses	11 16 draws	Several.
32	Last.	White loses	continue draws	Bowen and Janvier.
37	22	8 11 draws	8 12 wins	Wyllie.
37	5	26 22 loses	25 22 draws	Fife News.
42	13	24 20 draws	27 23 wins	C. Andrews.
42	10	16 19 loses	16 20 draws	J. Bertie.
43	9	15 18 loses	16 19 draws	Wardell.
55	12	32 28 draws	23 19 wins	Drummond.
56	13	16 20 loses	14 18 draws	Bethell.
65	8	9 14 draws	24 27 wins	H. Spayth.
65	7	23 19 loses	16 11 draws	F. Allen.
75	15	18 22 loses	5 9 draws	Dr. Clute.
82	13	1 6 loses	7 10 or 11 16 draws	Janvier.
83	4	2 6 draws	5 9 wins	F. G. Fisk.
87	8	11 8 draws	32 28 wins	Drummond.
89	10	24 20 draws	32 27 wins	Drummond.
91	15	14 18 loses	1 6 draws	Drummond.
100	5	22 17 loses	28 24 draws	W. H. Burr.
105	Last.	Black loses	continue draws	W. R. Bethell.
119	Last.	Drawn	continue 30 26 wins	A. L. Meyers.
119	3	31 27 loses	21 17 draws	Woolhouse.
122	23	1 6 draws	1 5 loses	J. W. Howard.
122	18	18 22 loses	11 15 draws	J. W. Howard.
122	44	25 21 draws	25 30 wins	Saukell.
124	5	32 28 loses	17 14 draws	Jacques.
137	7	20 16 draws	23 19 wins	Drummond.
157	5	30 26 loses	13 9 wins	F. Allen.
157	4	10 14 loses	18 22 wins	F. Allen.
159	31	11 15 loses	16 12 draws	Janvier.
173	17	15 10 draws	23 19 wins	—
173	12	9 13 loses	9 14 draws	Janvier.
177	3	10 15 loses	5 9 draws	Roger.
182	Last.	White loses	continue 14 10 draws	Game of Draughts.
185	5	17 14 loses	20 16 draws	Mercer.
185	4	25 21 draws	25 22 wins	A. Brooks.

CROSS.

3-A	Last.	Drawn	continue 10 7 wins	Mugridge.
3-A	23	19 23 loses	9 14 draws	W. R. Broughton.
4	Last.	Drawn	continue 23 27 wins	W. R. Bethell.
4	34	25 22 loses	21 17 draws	Hay.
9	15	31 27 loses	22 17 draws	I. Hird.
10	11	4 8 loses	6 10 draws	J. McFarlane.
15	20	3 8 draws	11 16 wins	Price.
15	5	22 17 loses	23 19 draws	Janvier.

CROSS—(continued).

Variation.	No. of move.	Book has	Correction.	Authority
19	12	27 23 draws	24 20 wins	Irving.
19	11	6 9 loses	5 9 draws	Irving.
26	9	27 32 loses	15 18 draws	T. Redd.
39	Last.	White loses	continue 12 8 draws	T. Lear.
40	10	16 19 loses	26 31 draws	F. Dunne.
40	11	27 23 draws	10 7 wins	Dunne.
42	9	5 9 loses	6 9 draws	C. Umstead.
43	25	4 8 loses	10 6 dmws	Bowen.
43	24	28 32 draws	13 17 wins	Bowen.
53	21	3 7 draws	10 15 wins	F. Allen.
53	14	29 25 loses	32 28 draws	Robertson.
57	12	24 20 draws	31 27 wins	J. Donaldson.
70	14	27 31 draws	23 26 wins	Janvier.
84	7	30 26 loses	21 17 draws	W. Strickland.
85	Last.	Drawn	continue White wins	Janvier.
85	30	18 23 loses	18 15 draws	Janvier.
90	7	23 19 loses	24 20 draws	C. Hefter.
90	7	23 19 loses	25 22 draws	A. L. Meyers.
90	6	15 18 draws	15 19 wins	Bowen.
95	3	31 27 loses	24 20 draws	Bowen.

LAIRD AND LADY.

Variation.	No. of move.	Book has	Correction.	Authority
5	14	30 26 draws	19 15 wins	J. Ash.
5	5	2 6 loses	13 17 draws	Books.
8	21	27 23 draws	10 6 wins	Bertie.
8	8	17 21 loses	9 13 draws	J. Ash.
12	16	25 22 draws	32 28 wins	Dr. Clute.
12	13	17 22 loses	8 12 draws	Hickey.
13-B	Last.	Drawn	continue 12 16 wins	Bethell.
16	10	17 22 draws	3 7 wins	Bethell.
17	30	23 19 draws	13 17 wins	Dunlap.
17	27	23 19 loses	11 8 draws	Janvier.
22	7	15 10 draws	27 23 wins	Several.
22	4	13 17 loses	6 10 draws	Drummond.
24	28	30 26 draws	30 25 wins	
29	31	8 11 draws	22 26 wins	Merry.
29	6	26 23 loses	25 22 draws	Merry.
33	28	14 17 draws	21 25 wins	Mercer.
33	27	26 23 loses	22 17 draws	Janvier.
36	7	2 6 loses	7 10 draws	Yates.
40	8	19 23 draws	18 22 wins	F. Allen.
40	3	25 21 draws	10 6 wins	Ash.
51	7	25 21 draws	24 20 wins	C. A. Denney.
51	6	11 16 loses	11 15 draws	Anderson.
55	31	4 8 loses	18 14 draws	C. Andrews.
57-A	9	17 13 loses	25 22 wins	J. Dempster.
57-A	4	9 14 loses	1 5 wins	Ash.
70	5	11 15 loses	12 16 draws	Janvier.
71	3	11 15 loses	12 16 draws	Ash.
71	2	31 26 draws	25 22 wins	Ash.
81	1	15 11 loses	27 23 wins	Several.
84	35	23 19 loses	27 24 draws	J. McFarlane.
84	12	11 16 draws	12 16 wins	G. Price.
92-A	9	6 9 draws	22 26 wins	Ash.
92-A	6	32 28 loses	23 19 draws	Ash.
92-A	2	15 10 loses	27 24 wins	Ash.
94	4	18 23 draws	17 22 wins	Dunlap.
115	15	26 30 loses	6 10 draws	Ash and Bertie.
120	7	17 13 loses	19 15 draws	H. Coltherd.
122	17	11 16 loses	5 9 draws	Janvier.
122	12	27 23 draws	24 20 wins	F. Dunne.

LAIRD AND LADY—(continued.)

Variation.	No. of Move.	Book has	Correction.	Authority.
122	3	17 21 loses	8 11 draws	Ash.
127	5	7 2 loses	17 13 draws	Janvier.
134	9	27 24 loses	25 22 draws	W. H. Burr.
136	5	24 20 loses	23 21 draws	F. Allen.
136	2	11 15 draws	13 17 wins	F. Allen.
146	13	19 16 loses	10 6 draws	Dunlap.
147-A	17	2 7 loses	10 6 wins	Drummond.
147-A	16	20 16 loses	20 24 wins	Janvier.

SOUTER.

4	4	10 26 draws	9 18 wins	Janvier.
6-A	Last.	Black loses	continue 12 16 draws	Kirkwood.
6-A	10	13 9 draws	26 23 wins	Kirkwood.
18	26	7 2 draws	4 8 wins	Purcell.
18	11	18 23 loses	17 21 draws	Anderson.
20-A	19	6 10 loses	6 9 draws	J. McFarlane.
21	3	14 18 loses	8 11 draws	F. Dunne.
34	Last.	Drawn	continue Black wins	W. Patterson.
39	31	14 18 loses	29 25 draws	Mercer.
39	20	8 11 draws	15 11 wins	Janvier.
59	5	11 15 loses	10 15 draws	Ash.

DYKE.

1	24	27 23 draws	17 13 wins	F. Allen.
3	24	15 18 draws	15 19 wins	Drummond.
3	15	31 26 loses	17 14 draws	Janvier.
29-A	11	18 14 draws	18 15 wins	Drummond.
29-A	2	16 20 loses	7 10 draws	J. McFarlane.
31	11	18 15 loses	22 17 draws	Janvier.
31	10	23 26 draws	6 9 wins	Drummond.
32	7	27 24 loses	22 17 draws	Drummond.
32	2	2 7 draws	12 16 wins	Schaefer.
35	5	3 7 loses	3 8 draws	F. Allen.
36	4	19 15 loses	14 9 draws	Mercer.
40	21	9 6 loses	2 6 draws	Bowen.

MAID OF THE MILL.

3	12	6 9 draws	12 16 wins	Mercer.
4	28	15 11 draws	13 9 wins	Mercer.
4	25	15 22 loses	14 32 draws	Janvier.
7-A	18	18 15 draws	18 23 wins	McCulloch.
7-A	5	1 5 loses	15 19 draws	McCulloch.
9	11	21 17 loses	22 17 draws	Hedley.
10	3	6 9 loses	5 9 draws	Tonar.
13	26	32 28 draws	27 23 wins	F. Allen.
13	23	4 8 loses	12 16 draws	I. Drummond.
13	18	26 23 draws	24 19 wins	F. Allen.
13	17	2 6 loses	5 9 draws	Janvier.
21	15	26 30 draws	18 22 wins	J. Goodall
22	18	26 23 draws	27 23 wins	J. H. Burnham.
22	3	10 14 loses	6 9 draws	Game of Draughts.
23	15	22 18 draws	30 26 wins	F. Dunne.
23	10	22 26 loses	16 20 draws	W. Strickland.
23	10	22 26 loses	8 11 draws	O. F. Reed.
26-A	17	30 26 loses	20 16 draws	J. A. Kear.
26-A	14	7 10 draws	18 23 wins	Janvier.
26-A	11	17 14 loses	20 16 draws	Roger.
27	9	19 16 loses	26 22 draws	F. Allen.
27	8	9 13 draws	18 22 wins	Tonar.
27	7	32 28 loses	26 22 draws	Tonar.

MAID OF THE MILL—continued.

Variation.	No. of move.	Book has	Correction.	Authority.
28	15	11 8 loses	19 15 draws	Roger.
29	25	14 17 loses	22 25 draws	McCulloch.
29	24	7 10 draws	7 11 wins	McCulloch.
37	Last.	Black loses	continue 12 16 draws	F. Allen.
37	4	13 9 draws	28 24 wins	A. McWhirtir.
46	25	10 14 draws	11 15 wins	Janvier.
46	2	30 26 loses	32 28 draws	Janvier.
51	1	14 17 loses	11 15 wins	Janvier.

GLASGOW.

10	15	32 27 loses	31 26 draws	A. Vanatta.
28	11	32 27 loses	31 26 draws	A. Vanatta.
29	16	12 16 draws	18 23 wins	F. Allen.

FIFE.

4	37	26 23 draws	14 18 wins	
4	36	23 19 loses	11 7 draws	Bowen.
7	11	3 7 loses	2 6 draws	W. Lea.
7	10	31 27 draws	31 26 wins	McCulloch.
9	19	28 24 draws	32 27 draws	Dunlap.
9	18	4 8 draws	3 8 wins	A. J. Heffner.
9	17	24 19 loses	24 20 draws	Irving.
17	14	17 13 draws	17 14 wins	Dunlap.
17	9	1 5 loses	11 16 draws	Tarbell.
17-A	Last.	Drawn	continue Black wins	Broughton.
21	7	11 7 loses	19 16 draws	Bethell.
22	Last.	White loses	continue 23 18 draws	Bethell.
34	23	27 31 loses	2 7 draws	T. Lear.
35	3	30 26 draws	17 14 wins	Mercer.
35	2	16 20 loses	8 11 wins	Janvier.

AYRSHIRE LASSIE.

1	15	9 14 draws	2 7 wins	Wyllie.
1	12	22 17 loses	30 25 draws	
2	22	3 8 draws	12 16 wins	Drummond.
4	13	23 18 loses	20 16 draws	F. Dunne.
5	5	29 25 loses	26 22 draws	Bremner.
8	3	25 9 loses	26 17 draws	Irving.
14	3	21 17 loses	22 17 draws	Irving.
14-A	21	9 5 loses	20 16 draws	Irving.
14-A	18	14 17 draws	1 6 wins	Walker.
14-A	17	32 28 loses	13 9 draws	Walker.
14-A	16	9 14 draws	2 6 wins	Dunne.
15	5	21 17 loses	22 17 draws	Irving.
16	1	2 7 draws	10 15 wins	Drummond.
20	25	31 27 loses	23 19 draws	Mercer.
20	22	3 7 draws	15 18 wins	Mercer
20-A	3	23 19 loses	31 26 draws	Mercer.
20-A	2	32 28 draws	15 18 wins	Mercer.
33	10	30 26 draws	12 16 wins	J. Tonar.

WILL OF THE WISP.

Variation.	No. of Move.	Book has	Correction.	Authority.
5	17	31 27 draws	3 8 wins	J. W. Howard.
5	14	3 10 loses	14 32 draws	Janvier.
5	9	24 19 draws	22 17 wins	Woolhouse.
10	26	7 10 draws	22 26 wins	Mercer.
14	35	22 18 loses	8 11 draws	C. Andrews.
25	13	25 22 loses	5 9 draws	Janvier.
28	5	19 16 loses	18 14 draws	R. Fraser.
30	5	22 17 draws	21 25 wins	Mercer.
37	23	16 12 loses	21 17 draws	Irving.
41	29	26 31 loses	3 7 draws	Mercer.
41	28	23 19 draws	18 14 wins	Spayth.
41	14	11 16 loses	19 15 wins	Janvier.
41	13	32 28 loses	6 10 draws	Mercer.
41	8	23 19 draws	4 8 wins	Janvier.
44	27	23 18 loses	30 26 wins	H. Lindsay.
44	26	26 31 loses	7 10 draws	Janvier.
46	3	9 14 loses	23 18 draws	Mercer.

SECOND DOUBLE CORNER.

1	30	19 23 draws	3 7 wins	J. Price.
1	25	20 16 loses	19 15 draws	Janvier.
4	5	18 15 loses	19 16 draws	Bertie.
6	18	18 15 draws	10 7 wins	Drummond.
6	15	10 15 loses	22 26 draws	Roger.
8	8	23 18 draws	13 9 wins	J. Price.
12	3	32 28 loses	31 27 draws	Wyllie.
18	3	32 28 loses	31 26 draws	Wyllie.
20	Last.	White loses	continue 15 10 draws.	Tonar.

DEFIANCE.

6-A	7	6 9 loses	3 8 draws	J. A. Kear.
10	9	6 9 draws	10 7 wins	E. Hull.
10	4	7 11 loses	12 16 draws	E. Hull.
20	13	21 17 draws	30 25 draws	
23	13	2 7 loses	28 24 draws	J. McLean.

BRISTOL.

Game.	45	26 31 draws	5 9 wins	Adair.
4	9	30 25 draws	16 11 wins	J. B. Tees.
4	8	14 18 loses	24 28 draws	Janvier.
7	17	26 22 draws	21 25 wins	Merry.
7	16	20 16 loses	9 6 draws	Merry.
10	29	22 17 draws	23 18 wins	Graham.
10	18	1 5 loses	1 6 draws	Janvier.
14	14	19 15 draws	30 26 wins	Roberts.
14	11	19 23 loses	2 7 draws	Janvier.
18	7	24 19 loses	14 10 draws	Tonar.
21	33	19 23 draws	20 24 wins	G. W. Foster.
21	6	15 11 loses	22 18 draws	Janvier.
22-A	3	32 27 draws	28 24 wins	J. King.
27	23	31 27 loses	4 8 draws	Irving.
31	17	31 27 loses	30 26 draws	Tonar.
34	Last.	W. wins.	continue 32 28 draws	H. Spayth.
34	18	7 3 draws	23 19 wins	Bethell.
36	29	25 30 loses	22 18 draws	W. Fleming.
36	16	2 6 draws	14 9 wins	Adamson.
40	20	27 23 draws	19 24 wins	G. Price.
40	11	27 24 loses	26 23 draws	Janvier.
43	Last.	W. wins	B. wins	Misprint.

TABULAR LIST OF CORRECTIONS OF THE AMERICAN DRAUGHT PLAYER

WHILTER.

Variation.	No. of Move	Took has	Correction.	Authority.
5	16	28 24 draws	16 12 wins	Wyllie.
5	15	10 14 loses	3 7 draws	F. Small.
9	2	24 20 draws	30 26 wins	Drummond.
17	24	17 21 loses	18 22 draws	J. Roberts.
20	21	6 9 draws	16 19 wins	Robertson.
20	16	30 26 loses	24 19 draws	Robertson.
25	Last.	Black loses	continue 28 24 draws	A. Sinclair.
27	37	28 32 loses	22 26 draws	A. S. McKay.
27	36	31 27 draws	11 7 wins	Tonar.
28	8	26 22 draws	16 12 wins	Strickland.
28	7	1 5 loses	15 18 draws	Strickland.
29-A	13	15 10 draws	30 25 wins	Bethell.
29-A	4	20 24 loses	11 16 draws	Anderson.
37	1	25 22 draws	30 26 wins	Drummond.
42	4	17 14 loses	27 23 wins	Spayth.
42	Last.	Drawn	continue 25 22 wins	Dunlap.
44	17	16 12 loses	3 8 draws	Drummond.
45	19	26 31 loses	26 22 draws	Strickland.
47	6	17 13 draws	29 25 wins	Drummond.
55	33	3 7 draws	18 15 wins	Mercer.
55	30	19 24 loses	17 21 draws	Janvier.
66	5	27 23 loses	31 26 draws	Copeland.
70	8	28 32 draws	24 27 wins	Mercer.

DOUBLE CORNER.

2	22	7 11 draws	20 24 wins	Tonar.
2	21	22 17 loses	31 26 draws	Janvier.
5	35	3 7 loses	3 8 draws	C. Andrews.
10	3	6 9 loses	15 18 draws	Irving.
11	Last.	Drawn	continue White wins	Drummond.
11	38	5 9 loses	25 22 draws	D. McFarlane.
14	9	21 17 loses	25 22 draws	Taylor.
15	15	15 18 draws	21 25 wins	A. Hersey.
15	14	30 26 loses	29 25 draws	A. Hersey.

IRREGULAR.

1	23	16 19 draws	1 6 wins	Irving.
1	22	24 20 loses	27 23 draws	Irving.
7	21	26 22 loses	25 22 draws	Kirkwood.
13	11	6 10 loses	13 17 draws	Irving.
15	27	22 18 draws	22 17 wins	Irving.
15	6	11 16 loses	13 17 draws	Irving.
19	44	27 23 draws	27 24 wins	Roger.
19	45	8 4 loses	25 22 draws	Roger.
20	15	25 22 loses	30 26 draws	Irving.
21	15	21 17 loses	29 25 draws	Drummond.
24	18	6 9 draws	7 11 wins	Calvert.
24	23	10 6 loses	27 23 draws	Calvert.
25	13	26 23 loses	19 15 draws	C. Andrews.
27	21	7 10 loses	11 15 draws	H. Lindsay.
28	21	19 16 loses	21 17 draws	Janvier.
39	9	22 18 loses	30 26 draws	M. Brown.
40	7	1 5 loses	10 15 draws	F. Allen.
41	19	2 6 loses	10 7 draws	J. Asb.
41	10	23 26 draws	15 19 wins	J. Ash.
42	18	6 9 draws	11 15 wins	Bertie.
42-B	3	20 16 loses	22 18 draws	Bertie.
46	17	9 5 loses	30 26 draws	Dunlap.
46	12	6 10 draws	16 30 wins	Drummond.
46	11	22 18 loses	29 25 draws	Irving.
47-A	21	6 1 loses	27 23 draws	Janvier.
53	13	24 28 loses	12 16 draws	Irving.
53	8	24 19 draws	26 22 wins	Irving.

END GAMES.

No.	Variation.	No. of Move.	Book has	Correction.	Authority.
4	Trunk.	8	10 7 draws	9 14 draws	G. Mugridge.
4	Trunk.	10	7 2 loses	9 14 draws	Janvier.
4	Trunk.	21	11 15 wins	23 18 best	Janvier.
4	Trunk.	23	25 30 wins	15 11 best	Janvier.
4	Trunk.	29	26 22 wins	26 23 best	Janvier.
4	Trunk.	35	12 16 loses	14 10 wins	Janvier.
4	Trunk.	38	12 16 loses	20 4 wins	Janvier.
4	2	16	10 15 draws	23 18 wins	Janvier.
4	2	Last.	White loses	continue 8 11 draws	Janvier.
8	1	3	5 9 loses	27 24 draws	Bowen & Janvier.
9	Trunk.	3	19 16 loses	11 7 draws	Bethell.
10	Trunk.	4	10 15 loses	12 16 draws	E. M. Harden.
17	Trunk.	8	11 8 loses	12 8 draws	Janvier.
17	Trunk.	13	22 26 draws	16 11 wins	T. Lear.
18	Trunk.	16	23 26 draws	31 26 wins	Mercer.
18	Trunk.	11	19 24 loses	27 32 draws	—
18	Trunk.	10	11 16 draws	11 15 wins	Mercer.
18	Var. 1	3	16 20 loses	27 32 wins	E. S. Boughton.
18	Var. 1	2	15 11 loses	17 13 draws	E. S. Boughton.

Some of these corrections have been accepted by Mr. Spayth and the plates altered to suit, but he is still wrong in solution of No. 8, as it now stands :

8	Trunk.	4	5 1 loses	27 24 draws	Janvier & Bowen.
8	Trunk.	5	14 17 draws	11 16 wins	Janvier.
8	1	17	31 27 draws	31 26 wins	Janvier.

POSITIONS.

25	Trunk.	9	19 23 draws	18 22 wins	W. R. Broughton.
25	1	1	15 11 draws	15 10 wins	W. R. Broughton.
30	Trunk.	2	14 17 loses	9 13 draws	Janvier.
30	Trunk.	5	15 18 draws	6 9 wins	A. J. Farr.
30	Trunk.	12	22 26 loses	22 25 draws	E. R. Jacques.
42	Trunk.	14	12 16 loses	22 26 draws	Irving.
48	Trunk.	7	9 6 wins.	3 7 best	E. Hull.
69	Trunk.	2	6 2 draws	29 25 wins	Wardell.
76	Trunk.	9	30 25 draws	11 7 wins	E. Hull.
76	Trunk.	10	23 18 loses	14 10 draws	Irving.
77	Trunk.	12	25 22 loses	17 14 draws	Janvier.
77	Trunk.	11	19 15 draws	19 23 wins	Avery.
77	Trunk.	10	29 25 loses	17 14 draws	Avery.

TABULAR LIST OF CORRECTIONS

OF THE

"GAME OF DRAUGHTS."—SPAYTH.

Variation.	No. of Move.	Book has	Correction.	Authority.
1	45	26 31 draws	5 9 wins	Adair.
1	32	17 14 loses	16 12 draws	Anderson.
4	19	9 18 draws	11 18 wins	R. A. Davis.
4	12	29 25 loses	28 24 draws	Spayth.
21	18	26 22 draws	30 25 wins	Robertson.
21	7	9 14 loses	8 12 draws	J. Ash.
22	15	2 6 draws	10 14 wins	Janvier.
22	6	27 23 loses	14 10 wins	Sturges.
33	1	11 16 loses	13 17 wins	R. A. Davis.
40	49	11 16 draws	31 27 wins	Drummond.
40	30	22 17 loses	27 24 draws	Drummond.
43	Last.	Drawn	continue 6 2 wins	Bertie.
43	29	16 19 loses	16 20 draws	Bertie.
43	20	26 23 draws	25 21 wins	Wyllie.
43	9	7 11 loses	5 9 draws	Several.
53	14	13 9 draws	27 23 wins	Jacques.
56	16	6 9 draws	3 8 wins	J. D. Janvier.
56	13	29 25 loses	22 17 draws	Janvier.
57	27	4 8 draws	3 8 wins	Bertie.
57	22	19 15 loses	31 26 draws	Bertie.
57-A	5	23 26 draws	23 27 wins	Bertie.
58	Last.	Drawn	continue Black wins	Janvier.
69	23	2 7 draws	12 16 wins	Schaefer.
84	25	1 5 draws	1 6 wins	Wardell.
84	8	23 19 loses	32 28 draws	Anderson.
93	7	1 6 draws	10 14 wins	Janvier.
96	10	2 7 draws	5 9 wins	J. Neilson.
96	7	27 23 loses	19 16 draws	Hay.
119	23	10 15 draws	10 14 wins	Drummond.
119	20	23 19 loses	22 17 draws	Drummond.
121	38	23 26 draws	15 19 wins	Ash.
121	29	13 9 loses	25 22 draws	American Draught Player.
127	26	16 20 draws	8 12 wins	Woolhouse.
127	23	26 23 loses	28 24 draws	Woolhouse.
130	21	27 23 draws	10 6 wins	Bertie.
131	10	6 9 draws	17 22 wins	Ash.
146	31	5 1 loses	27 24 draws	Bowen.
146	32	14 17 draws	11 16 wins	Janvier.
147	28	32 28 draws	20 16 wins	Drummond.
150	3	15 19 loses	12 16 draws	Janvier.
151	Last.	Black loses	continue 18 23 draws	Janvier.
154	14	30 25 draws	6 10 wins	C. D. Moore.
169	20	14 17 draws	1 6 wins	Walker.
169	19	32 28 loses	13 9 draws	Walker.
169	18	9 14 draws	2 6 wins	Dunne.
173	22	32 28 draws	23 18 wins	Drummond.
173	19	5 9 loses	6 9 wins	Drummond.
173	18	31 27 loses	32 28 draws	Janvier.
175	7	30 26 loses	24 20 draws	Roger.
197	Last.	Drawn	continue 18 23 B. wins.	Janvier.
197	41	7 2 loses	7 3 draws	Janvier.
199	13	11 7 loses	31 26 draws	G. W. Foster.
212-A	Last.	Drawn	continue 19 15 wins	Janvier.
212-A	2	7 10 loses	8 11 draws	Janvier.
218	19	14 10 draws	27 24 wins	G. W. Foster.

TABULAR LIST OF CORRECTIONS OF THE "GAME OF DRAUGHTS."—SPAYTH.

Variation.	No. of Move.	Book has	Correction.	Authority.
218	12	25 29 loses	11 16 draws	Wyllie.
233	26	24 28 draws	10 14 wins	M. Brown.
233	25	25 22 loses	17 14 draws	Anderson.
235	Last.	Drawn	continue 19 24 wins	G. W. Foster.
235	23	27 24 loses	26 22 draws	Janvier.
241	35	21 17 draws	10 14 wins	G. W. Foster.
241	28	31 27 loses	31 26 draws	Janvier.
245	9	17 21 loses	12 16 draws	Martins.
246	Last.	Drawn	continue 10 6 wins	Bertie.
246	5	17 21 loses	8 11 draws	Ash.
247	11	22 18 draws	7 3 wins	Bertie.
260	15	14 18 loses	1 6 draws	Drummond.
261	17	31 27 draws	31 26 wins	Janvier.
262	14	28 24 draws	32 27 wins	McIndoe.
262	13	1 6 loses	7 10 draws	Janvier.
263	Last.	Black loses	continue draws	E. M. Harden.
263	4	23 19 draws	24 19 wins	Drummond.
264-A	13	22 18 loses	22 17 draws	Drummond.
275	5	8 11 loses	10 14 draws	Janvier.
282	3	30 26 loses	32 28 draws	Janvier.
300	18	28 24 draws	23 19 wins	Janvier.
306	23	11 16 draws	20 24 wins	Mercer.
306	22	23 19 loses	26 22 draws	Martins.
312	27	23 19 draws	23 18 wins	A. L. Meyers.
312	24	22 26 loses	31 26 draws	Janvier.
323	9	3 7 loses	3 8 draws	Janvier.
323	2	15 18 draws	19 24 wins	Janvier.
324	5	27 24 loses	30 26 draws	G. W. Foster.
324-A	Last.	White loses	continue 30 26 draws.	Janvier.
324-A	2.	9 14 draws	10 14 wins	Janvier.
329	7	11 16 loses	5 9 draws	Janvier.
352	15	22 17 draws	22 18 wins	Bowen.
352	12	8 12 loses	3 7 draws	F. Small.
353-A	5	15 19 loses	20 24 wins	Priest.
353-A	4	19 16 loses	28 24 wins	Priest.
354	17	22 17 loses	15 11 draws	Janvier.
354	8	11 16 draws	19 24 wins	Janvier.
359	2	16 20 loses	8 11 wins	Janvier.

RECENT CORRECTIONS OF STURGES'S GAMES.

SINGLE CORNER—Part 1.

Variation 24, at 3d move.

° 10 15	17 10	1-11 16	22 17	16 19	9 6	18 23
19 10	7 14	28 24	6 10	13 9	20 24	Drawn.
6 15	26 22	1 6	17 13	19 28	27 20	W. Strickland.

(1).

| 1 5 | 22 17 | 5 9 | 17 10 | 18 23 | Drawn. | A. L. Meyers. |

Variation 31, after 7th move read, 11 15. 32 28, 15 24, 28 19, and then 3 8, 26 23, &c., if as in book at the 11th move, 32 27 or 22 18 would draw. A. L. Meyers.

Variation 45 at 11th move.

° 26 22	16 23	19 15	31 27	8 3	Drawn.
17 26	24 19	27 31	18 14	23 19	Fred. Allen.
23 18	23 27	15 8	27 23	13 9	

SINGLE CORNER—Part 2.

Variation 14, after 21st move, read, 8 3, 11 16, 3 7, 15 19, 7 11, and then 19 24, after the 31st move in book, for 26 31 play ° 23 27 and draw.—A. L. Meyers.

Variation 52, after last move, continue

° 17 22	23 19	32 27	19 15	27 32	15 11	10 14
1 6	15 24	8 4	11 16	24 20	20 24	24 20
10 14	20 27	27 23	18 23	32 27	3 7	23 27
6 10	16 11	2 4 8	16 20	20 16	24 20	28 24
14 18	27 32	23 19	23 27	27 23	7 10	27 23
1 10 15	11 8	8 11	20 24	16 20	20 24	B. wins.
			O. F. Reed.			

(1)

10 6	8 4	10 6	25 21	8 4	1 6	1 5
22 26	31 27	18 14	30 26	20 24	16 11	9 6
16 11	6 10	6 1	8 4	28 19	8 4	5 1
18 22	23 18	22 26	26 22	23 16	15 18	11 7
11 8	4 8	30 25	4 8	4 8	6 1	B. wins.
26 31	27 23	26 30	22 18	18 15	14 9	O. F. Reed.

(2)

28 24	27 24	10 6	32 27	14 9	23 18	9 5
23 27	19 15	23 27	6 9	26 31	21 17	18 14
24 19	24 19	6 1	27 23	30 25	26 22	B. wins.
18 23	15 10	27 32	9 14	31 26	17 13	O. F. Reed.
4 8	19 15	1 6	22 26	25 21	22 17	

BRISTOL.

Variation 21 after 2d move.

○ 28 24	26 23	19 16	11 7	2 6	5 9	9 14
12 28	24 27	23 18	15 19	31 26	15 11	20 24
20 16	22 18	9 5	7 2	6 1	25 22	22 17
11 20	27 31	3 7	19 23	26 23	19 23	W. wins.
18 2	18 9	5 1	1 6	1 5	14 10	J. King.
20 24	31 26	7 10	23 26	18 15	11 16	
2 9	23 19	16 11	6 9	9 14	10 15	
5 14	26 23	10 15	26 31	23 19	16 20	

CROSS.

Variation 27, after 7th move.

○ 12 16	19 12	8 11	23 19	11 16	26 23	7 11
		Black wins.	Wm. Reed.			

Variation 34, after last move continue:

○ 26 22	11 7	9 14	7 11	22 18	11 7	19 24
		Black wins.	J. Burns.			

Note—After 21st move 9 14 wins, Wm. Reed; and 19 24 wins, Frank Dunne.

Variation 34, after 8th move.

○ 23 5	5 1	1 5	22 15	5 9	9 6	6 10
16 23	11 15	15 18	10 19	6 10	10 15	Drawn.
		J. McFarlane.				

Corrections of Cross —— Variation 17—A after 1st move.

○ 32 27	1 9 13	27 23	20 27	29 25	9 14	6 9
11 16	24 19	18 27	2 6	27 31	2 6	Drawn.
19 15	13 22	25 2	1 10	25 22	27 24	J. Smith.
16 20	14 10	5 9	15 6	31 27	19 16	
21 17	7 14	31 24	8 11	6 2	12 19	

(1)

12 16	7 11	20 27	3 10	10 19	30 26	
17 13	14 10	31 24	26 23	20 4	4 8	
16 19	18 23	11 16	19 26	26 30	Drawn.	
30 26	27 18	10 7	24 20	25 21	J. Smith	

DEFIANCE.

Corrections of Defiance —— Game—A, after 6th move.

○ 32 27	3 7	24 19	25 30	14 10	10 7	22 18
7 10	18 14	1 5	22 17	17 14	8 3	31 26
23 19	7 10	30 26	30 25	10 7	7 11	19 15
11 16	14 7	22 25	17 13	14 10	31 26	11 8
19 15	2 18	26 22	25 22	7 3	24 27	3 7
10 19	28 24	18 23	18 14	20 24	26 22	Drawn.
24 15	16 20	27 18	22 17	3 8	27 31	A. H. Mercer

LAIRD AND LADY.

Variation 11, after 2d move.

| ○ 11 15 | 15 24 | 8 11 | 10 15 | 5 9 | F. J. Feidler. |
| 1 32 27· | 28 19 | 23 18 | 19 10 | Drawn. | |

(1)

| 28 24 | 32 28 | 24 20 | 23 19 | 26 17 | Drawn. |
| 8 11 | 3 8 | 15 24 | 17 22 | 11 15 | F. J Feidler. |

Variation 12, after 2d move.

○ 31 27	27 23	24 20	28 19	32 28	28 19	23 18
8 11	3 8	15 24	11 15	15 24	8 11	W. wins.
		F. J. Feidler.				

Variation 12, after 1st move.

○ 5 9	16 30	10 15	30 25	22 18	11 18	8 11
14 5	14 9	24 19	6 2	1 6	2 7	31 27
11 16	7 11	15 24	25 22	18 23	3 10	23 19
21 14	9 6	28 19	5 1	19 15	6 22	Drawn.
		F. J. Feidler.				

SOUTER.

Variation 2, after 23d move.

○ 18 23	23 26	12 16	26 31	21 17	22 26	23 19
28 24	19 15	27 24	11 8	8 11	19 24	28 32
11 16	11 18	16 19	31 26	17 13	26 31	19 16
24 20	20 11	24 20	8 4	2 6	24 28	32 28
8 11	26 30	19 23	26 23	14 17	31 27	16 11
30 25	22 15	20 16	4 8	11 16	28 32	B. wins.
22 26	30 21	23 26	23 18	17 22	27 23	W. Reid.
31 22	1) 32 27	16·12	15 10	16 19	32 28	
	2)					

(1)

11 8	16 20	6 2	22 26	4 8	20 24
12 16	15 10	18 22	19 16	26 22	25 21
8 4	17 13	27 23	26 30	8 11	24 28
21 17	2 6	13 9	16 12	22 18	B. wins.
32 27	14 18	23 19	30 26	29 25	W. Reid.

(2)

15 10	11 7	2 7	6 2	15 18	18 15
21 17	17 13	22 26	13 9	12 16	26 23
2 6	7 2	7 11	11 15	32 28	B. wins.
14 18	18 22	26 31	31 26	16 20	W. Reed.

Variation 2, after 6th move.

○ 27 23	19 12	31 24	26 23	23 18	14 9	19 15
18 27	15 19	8 11	16 20	24 27	5 14	Drawn.
32 23	23 16	30 26	24 19	18 14	12 8	Am.Dr.Player.
12 16	11 27	11 16	20 24	27 31	3 12	

°27 23	32 28	28 19	19 15	11 7	2 6	
11 15	7 11	5 9	11 16	22 26	White wins.	
28 24	24 19	22 18	20 11	7 2	A. L. Meyers.	
3 7	15 24	13 17	17 22	23 31		

Variation 62, after 2d move.

°5 9	9 14	15 18	18 27	14 17	17 22	22 26
6 2	2 6	6 9	32 23	9 14	23 19	Drawn.
		Janvier.				

PIONEER.

Variation 3, after 8th move.

°27 23	23 18	19 15	14 10	17 14	22 8	C. Andrews
8 11	6 9	10 19	7 23	9 18	Drawn.	

www.ingramcontent.com/pod-product-compliance
Lightning Source LLC
Chambersburg PA
CBHW032156160426
43197CB00008B/948